메타버스
에서 이루어지는
우리학교 수학이야기

이지수 외 5인 지음

Metaverse

대표저자: 이지수

현) 일신여자고등학교
전) 충남삼성고등학교
주요 저서) 동아출판 수매씽 문제 기본서(고등수학, 수학Ⅰ, 수학Ⅱ, 미적분, 확률과통계)

저 자: 김진영(일신여자고등학교)
박새봄(일신여자고등학교)
이재인(일신여자고등학교)
임은아(일신여자고등학교)
정나영(일신여자고등학교)

메타버스에서 이루어지는 우리 학교 수학 이야기

발행처	지오북스
발행일	2024년 1월 1일
전 화	02)381-0706 / 팩스 02)371-0706
이메일	emotion-books@naver.com
홈페이지	www.geobooks.co.kr
ISBN	979-11-91346-77-0
책 값	15,000 원

이 책은 저작권법으로 보호받는 저작물입니다.
이 책의 내용을 전부 또는 일부를 무단으로 전재하거나 복제할 수 없습니다.
파본이나 잘못된 책은 바꿔드립니다.

프롤로그

2023학년도는 메타버스를 활용한 수업과 행사를 기획하고 진행하며 학생들과 많은 일들이 있었던 한 해이다. 메타버스를 제작하는 것부터, 메타버스를 활용해서 할 수 있는 다양한 일들을 고민하고, 메타버스의 수업 활용, 학급 활동의 활용, 학교 소개, 그리고 교내 수학 축제를 거쳐 메타버스로만 진행 할 수 있는 '전국 학교 간 온라인 수학 체험전'까지 이 모든 일에는 동료 선생님들과 많은 학생들의 도움이 있었다.

'메타버스를 활용한 교육'에 본래부터 관심이 많았던 것은 아니었다. 고3 담임으로서 학생들의 수시 원서 지원이 끝나면서 여유를 누려보고자 2022년에 충북 자연과학교육원에서 진행된 메타버스 교사 연수에 우연히 참여하였고, 학생들의 정시 지원까지 끝나면서 더 여유를 누려보고자 학교 옆 카페에서 '젭(ZEP)'을 실행했다가 정말 우연히 학교 맵을 만들기 시작했는데, 이 때부터 학교 메타버스를 제작하면 두고두고 활용 할 수 있는 방안(아이디어)들이 하나 둘씩 계속 생겨나기 시작했다. 안 그래도 2022년에 고3 학생들을 가르치는 수학 교사로서 수능 문제풀이 수업에만 집중하고 문제해결전략에 대한 지식을 전달하기 위해 애썼던 스스로의 수업을 성찰하며(학생들에게 살아 있는 수학, 만들어 지는 수학, 함께 수학을 소재로 협력하며 성장하는 경험을 충분히 제공하지 못함에 대한 아쉬움이 있었다.) 반성적으로 시간을 보내고 있는 그 때에 메타버스를 활용한 수학교육 활동은 학생들에게 의미 있고 가치 있는 경험을 제공할 수 있는 좋은 통로였고, 부분적으로 놓쳐버린 수학 교사로서의 스스로의 양심과 학생들에 대한 미안함을 조금이나마 회복할 수 있는 대안이었다. 그래서 2023년도 1월부터 메타버스에 관심을 가지고 학교 메타버스를 본격적으로 제작하는 시기와 맞물려 메타버스를 활용한 교육 서적에 대해 찾아 보았는데 원하던 책을 찾기가 쉽지 않았고, 찾았다고 해도 현장에서 활용하기가 쉽지 않았다.

그래서 모든 것을 직접 부딪히고 계획하며 메타버스를 현장에 적용할 수 있는 여러 사례들을 1년간 찾아보기로 결심하였고 최종 목표를 메타버스의 시·공을 초월한 특징을 잘 살려보기 위해 전국 초.중.고등학교를 대상으로 온라인 수학 체험 부스를 운영하면서 체험 물품을 신청하면 물품을 해당 학교에 전달하는 방식의 '전국 학교 간 온라인 수학 체험전'으로 정했다.

이 책은 메타버스를 제작하고, 수업과 교내 행사에 메타버스를 활용하는 것을 시작으로 '전국 학교 간 온라인 수학 체험전'을 하기까지 충북 청주시에 소재한 일신여고에서 메타버스를 어떤 방식으로 활용 하였는지에 대한 과정을 자세히 담기 위해 부족한 글솜씨를 십분 발휘하여 기록한 책이다. 메타버스에 활용된 프로그램은 '젭(ZEP)'인데 이 프로그램으로 맵을 만들고 각각의 오브젝트의 기능을 설정하는 등의 메타버스 제작 방법은 이미 시중에 많은 책들이 출판되어 있고, 또 직접 이것저것 시도해보면서 얼마든지 메타버스의 제작과 활용 기능을 익힐 수 있을 것이라 생각하여 본 책에서는 이 부분에 대한 설명은 과감하게 생략하였다. 그리고 메타버스를 사용하지 않던 학교에서 학교 교육 활동에 메타버스를 들여놓기까지의 과정과, 메타버스에서의 교육적 접점을 넓혀가기 위해 교사와 학생이 서로 어떤 노력을 하였는지를 충실히 담아내고자 노력하였다.

책에 담긴 내용과 글솜씨가 조금 부족하더라도 역량과 열정이 뛰어난 전국 각지의 선생님들께서 더 의미 있는 방향으로 책의 내용을 발전시켜주셔서 이 책이 우리 나라의 수학교육이 한 걸음 나아가는데에 미력하게 나마 작은 디딤돌 하나로서의 역할을 해주기를 기대하고, 무엇보다 이 책을 의미 있게 읽어주시는 선생님들과 학생들에게 지면으로나마 감사의 말씀을 올린다.

대표 저자 **이지수**

메타버스
에서 이루어지는
우리학교
수학이야기

목차

프롤로그

0장. 일신여고 메타버스 둘러보기   8

1장. 왜 메타버스인가?   16
    (1) 학교 메타버스의 첫걸음
    (2) 왜 '학교 메타버스'인가?

2장. 학교 메타버스 제작 과정   28
    (1) 학교 메타버스 디자인하기
    (2) 교사와 학생의 만남의 통로 만들기
    (3) 수학으로 학교 메타버스 채우기
    (4) 학교 메타버스의 완성

3장. 메타버스를 활용한 수학교육 프로젝트   58
    (1) 메타버스에서 이루어지는 만남
    (2) 메타버스에서 이루어지는 수업
    (3) 전국 학교 간 온라인 수학 체험전

4장. 향후 메타버스 활용 계획   112
5장. 글을 마무리하며   120

일신여고 메타버스 둘러보기

0장. 일신여고 메타버스 둘러보기

　일신여고 메타버스에 접속한 재학생들에게 실제로 일신여고 캠퍼스를 돌아다니는 듯한 실제감을 주기 위해 학교 지도를 참고하여 실제와 비슷하게 메타버스 공간을 구성하였다. 실제 일신여고 근처에 있는 한 초등학교의 학생은 일신여고 메타버스를 구경한 이후 실제 일신여고랑 너무 똑같아서 재미있었다는 후기를 남겨주기도 하였다. 일신여고 메타버스에는 일신여고 건물, 일신여중 건물, 지역 문화재인 양관 등 학교에 있는 모든 건물을 실제와 같이 다 갖추고 있다.

메타버스로 구현된 일신여고 캠퍼스 전경

학생들이 실제 학교 건물 본관으로 들어오는데에 자주 사용하는 입구로 들어오면 학교 본관 1층과 비슷한 구조의 메타버스 공간을 만나볼 수 있다.

학생들이 등교시 자주 사용하는 본관 입구

다만 메타버스의 활용도를 높이기 위해 오른쪽의 각 학년도별 게시판(오른쪽에 연달아 설치된 동일한 4개의 게시판) 공간은 본래는 계단이 있는 공간이지만 실제와 다르게 수정하였다. 메타버스 본관 1층에는 교장 선생님의 메타버스 환영 인사말 영상, 일신여고 소개 책자, 일신여고 핸드볼부 뉴스와 사진, 각 학년도별 일신여고 수학과의 다양한 교육 활동을 만나볼 수 있는 게시판이 있고 중앙 상단에는 동아리나 학급 단위로 들어와서 기념 사진을 남길 수 있는 '포토존'도 준비되어 있다.

일신여고 학교 건물 본관 내부

전국 학교간 온라인 수학체험전이 진행 중인 강당(선교기념관) 입구

일신여고 강당(선교기념관) 내부

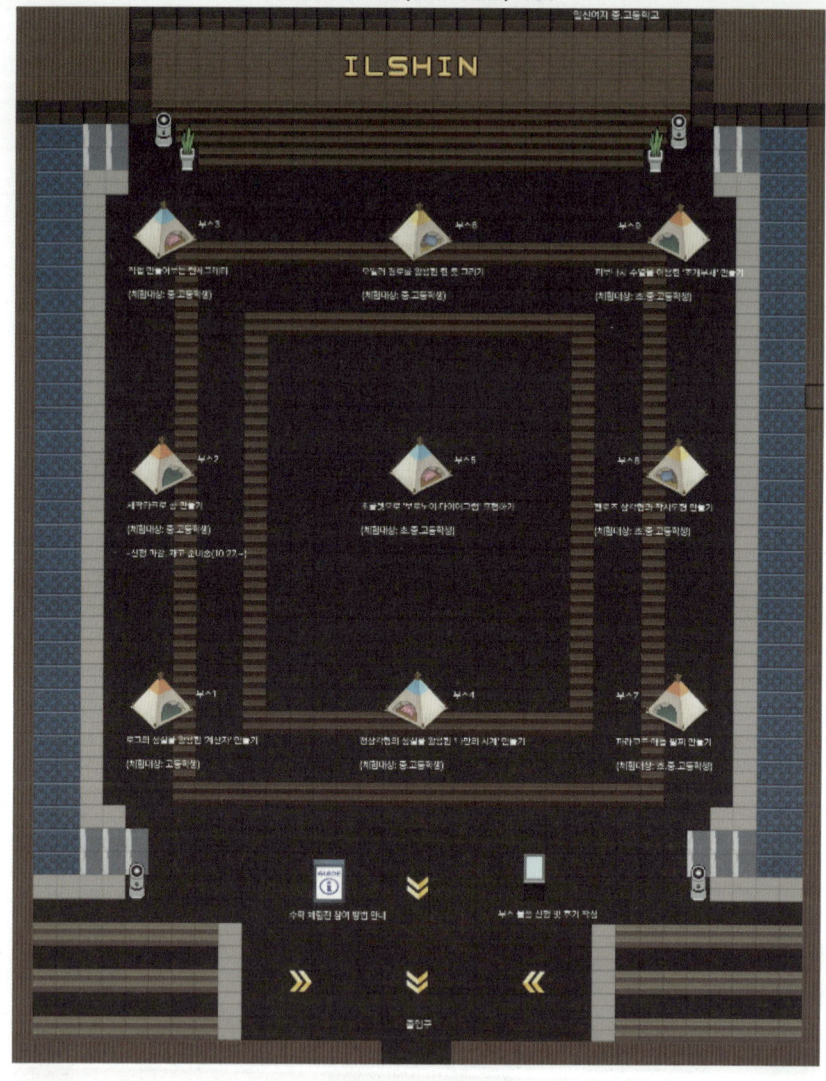

　　2023학년도 10월~11월에는 일신여고 수학과에서 주관한 '전국 학교 간 온라인 수학 체험전'이 진행되었다. 온라인 수학 체험전을 위해 학교 메타버스의 여러 건물 중에서 학교 강당에 해당하는 '선교기념관'에 총 9개의 수학 체험 부스를 설치하고 행사를 진행하였으며 이 외에도 교

내 행사의 목적과 진행 사항에 따라 강당 내부에 설치된 '오브젝트'들이 변경된다. 바로 앞에 있는 사진은 시·공을 초월하여 여러 지역의 다양한 학교 학생들과 만나서 함께 수학 체험을 할 수 있는 공간이다.

'교목실'에서는 일신여고 '선교부' 학생들의 여러 영상들이 업로드 되어 있고, '수학과 교무실'에서는 일신여고 수학 선생님들이 학생들에게 하고 싶은 한 마디와 응원 메시지, 교과별 수업 교실, 메타버스 활용 수업을 위한 다양한 공학 도구 수업 교실이 마련되어 있다.

양관 5호 안으로 들어가면 교목실 공간을 만나볼 수 있다.

본관 안쪽에 위치한 수학과 교무실 입구

창조관 안에 위치한 수학교과실. 이 곳에서는 온라인으로 '길거리 문제해결 챌린지'가 열리고 있다.

또한 학급별로 메타버스 내에서 달리기 경주를 하여 순위를 정할 수 있는 '달리기 경주 트랙'도 준비되어 있으며 교내에서 학생들에게 뜨거운 반응을 얻었던 '길거리 문제 해결 챌린지'가 열리는 수학교과실도 있다. 이 외에도 예술·미술관, 스터디룸, 도서관, 교과별 동아리실, 놀이터, 매점, 학사(기숙사), 대표교실, 풋살장, 쉼터, 하교(학교 밖) 등 여러 공간이 메타버스 내에 준비되어 있다.

[일신여고 메타버스 접속 QR코드]

왜 메타버스인가?

1장. 왜 메타버스인가?

(1) 학교 메타버스의 첫걸음

2020년 초, 코로나19의 유행과 함께 모든 학교의 개학이 한 주, 한 주 밀리면서 현장의 교사들은 갑작스럽게 에듀테크 활용 역량을 갖추어야 하는 상황과 마주하게 되었다. 그때까지만 해도 특별한 몇몇 교사가 온라인 플랫폼을 활용해 학급을 경영하거나 수업을 진행하였고, 동료 교사들은 온라인 플랫폼을 활용하는 교사를 신기한 눈빛으로 바라보는 분위기였다. '교육공학'이라는 학문도 특별한 몇몇 교사 중심으로 관심을 가지는 경우가 많았고 대부분의 교사는 정해진 절차와 방법에 따라 아주 간단하게만 공학 도구를 다루면 교직 생활 하는데에 별다른 어려움이 없었다. 물론 수학 교과와 같이 특정 교과 교사에게는 공학 도구 활용 역량이 요구되었지만 그것도 언제까지나 강제가 아닌 권장 사항이었기에 교사가 알고 있는 수준 하에서, 그리고 학생이 관심도를 가지는 정도에 따라서 적절히 공학 도구를 활용했을 정도였다. 하지만 코로나 19는 모든 교과 교사에게 온라인 플랫폼 활용을 요구하였고, '에듀테크'의 중요성이 급부상하기 시작하였다. 결국 학교와 교사의 교육에 대한 패러다임 확장과 더불어 교육 방법의 다양화로 인해 한편에서는 코로나 19가 교육의 발전을 몇 십년 앞당겼다는 말이 나올 정도였다. 결국 대부분의 교사가 수업을 위해 주로 사용하는 온라인 플랫폼 하나 정도는 익숙해지는 수준에 다다르게 되었고 온라인 플랫폼 활용에 대한 교사 집단의 평균적인 수준이 올라가면서 에듀테크를 활용한 교육의 양과 질적인 면에서의 팽창으로 인해 지금의 교육 환경은 코로나 19 이전과는 또다른 교육 환경을 조성하게 되었다.

온라인에서 서로 비대면으로 만나서 얼굴을 마주하고 의견을 주고 받는 플랫폼이 학교 현장에서 주로 사용되면서 여기서 한걸음 더 발전하여 온라인 상에서 실제와 같은 만남이 이루어질 수 있고 가상의 공간임에도 현실성 있는 공간인 '메타버스'가 교육계에서 주목 받기 시작하였다. 교사와 학생 서로 서로가 가상의 공간을 공유하고 현실성 있는 만남이 이루어질 수 있다는 메타버스의 장점은 코로나19로 인한 불안정한 학사운영 중에서도 어느 정도 수업과 학급 운영에 안정감을 제공해줄 수 있는 에듀테크로서 주목받게 되었고, 학교 뿐만 아니라 여러 기업에서도 관심을 가지게 되었다. 이로 인해 메타버스를 활용한 학급 경영 및 수업 운영 방법 등에 대한 자료가 쏟아져 나오기 시작했고 이에 대한 교사 연수도 매우 활발히 진행되는 등 메타버스의 교육적 활용에 대한 관심도와 실제 활용이 빠른 속도로 증가하기 시작했다.

이러한 배경과 함께 2022학년도 2학기때 충북 자연과학교육원에서 진행된 메타버스 집합 연수에 우연히 참여하게 되었다. 메타버스에 대해 조그마한 호기심만 있을 뿐 큰 관심은 없었기 때문에 지나칠 수도 있는 연수였지만 시기가 정말 우연하게도 학생들의 수시 원서 지원이 끝난 이후 고3 담임으로서 조금 여유도 있었고, 이전에 근무했었던 충남삼성고등학교에서 원격 수업 기간 동안 '게더타운(Gather.town)'을 활용해서 학급 조회와 종례를 했던 추억이 생각나면서 수업이나 학급 경영에 대한 메타버스 활용 방안 팁을 얻어보고 싶은 마음으로 집합 연수를 신청하게 되었다. 그리고 감사하게도 '게더타운(Gather.town)'과 비슷한 '젭

(ZEP)', 그리고 '제페도(ZEPETO)'라는 2D, 3D 메타버스 제작 프로그램을 연수를 통해 알게 되었다. 정확하게는 '젭(ZEP)'이라는 메타버스 프로그램의 존재는 알고 있었지만 연수를 통해 어떤 기능과 한계점이 있는지를 알게 되었고, '제페토(ZEPETO)'라는 3D 메타버스 제작 프로그램은 연수 강사님을 따라 공간을 만들어보는 실습 과정을 통해 프로그램 사용 방법을 어느 정도 익히게 되었다.

연수를 들은 이후, 학생들의 정시 원서 지원까지 다 마치면서 고3 담임으로서 해야 할 주요 역할들이 다 끝난 2023년 1월에 본격적으로 '젭(ZEP)'을 활용하여 학교 메타버스를 제작하기 시작하였다. 충북 자연과학교육원에서 들었던 연수에서는 '제페토(ZEPETO)'를 활용한 3D 메타버스 제작 프로그램을 조작하며 실제로 3차원 공간을 만들어보는 연수를 중심으로 들었지만 결국 '젭(ZEP)'이라는 프로그램으로 메타버스를 제작하게 된 이유는 학교 메타버스를 제작하려고 보니 '제페토(ZEPETO)'를 활용해 3D로 제작하는 것은 메타버스 제작을 통해 추구하는 목적과 목표에 비해 너무 많은 시간과 노력이 필요했기 때문이다. 당시 메타버스를 제작하고자 했던 주요 목적이 학교 메타버스 제작 자체보다는 메타버스를 활용해 어떤 의미 있는 교육활동을 할 것인지에 관심이 있었고, 메타버스 공간을 처음 구현하는 초보적인 입장에서 '젭(ZEP)'을 활용해 2D로 제작하는 것으로도 충분히 만족스러울 것이라 생각하였다. 물론 2D 메타버스 제작 프로그램인 '젭(ZEP)'으로도 충분히 3차원상에서와 같은 현실감을 갖춘 메타버스를 만들 수 있다는 것은 알고 있었지만 이것은 오히려 3D에 특화되어 있는 '제페토(ZEPPTO)'를 활용하는 것보다 더 치밀한 계산과 방대한 시간이 필요했다. 무엇보다 학교 메타버스를 만들 때의 목적은 2023학년도가 시작하는 3월에 학생들에게 메타버스를 공개하고 관심 있는 교사들부터 먼저 학급 경영과 수업 운영에 활용해보는 것이었기 때문에 늦어도 2개월 안에는 메타버스를 다 만들어야 하는 시점이었다. 따라서 제작에 필요한 과정이 간단하고, 교사와 학생들이 쉽게 사용할 수 있는 '젭(ZEP)'이 학교 메타버스를 구성하는데에 적절하겠다고 생각하였다. 물론 기왕 만드는 김에 시간이 조금 걸리더라도 '제페토(ZEPPTO)'를 활용해 3차원의 현실감을 가진 학교 메타버스를 만들고 싶은 마음이 불쑥불쑥 드는 순간이 많았지만 이 마음을 잘 달랠 수 있었던 것은 (학교일, 집안일, 육아의 삼중 부담도 한 몫 한 것은 분명하지만 그것보다는) 교사가 먼저 '젭(ZEP)'을 사용해 학교 메타버스를 구성하면 이 공간을 학생들이 그대로 사용하기보다는 이후 언젠가 메타버스에 관심이 많은 교내 학생들이 팀을 이루어 학교 메타버스를 3D로 만들고 그 안에서 교사의 생각을 뛰어 넘는 의미 있는 교육 활동을 자기주도적으로 시도할 것이라 기대되었기 때문이다. 그 순간부터 교사보다 뛰어난 학생들을 믿고, '젭(ZEP)'으로 학교 메타버스를 만드는 과정에 집중할 수 있었다.

(2) 왜 '학교 메타버스'인가?!

> 학교 메타버스를 만들게 된 이유!
> 1) 학교 수학 문화의 지속적인 발전
> 2) 수학 교사와 학생 상호간 의사소통 촉진
> 3) 학교의 수학교육 역량 강화
> 4) 학생들의 계속적 성장을 돕는 경험 제공

학교 메타버스를 만들게 된 이유는 다음과 같다.

첫째, '학교 수학 문화의 지속적인 발전'을 위해서이다. 수학체험전을 비롯한 학교의 다양한 수학 활동은 일회성으로 끝나기가 쉽다. 그래서 선배들이 수학적으로 의미있고 창의적인 작품을 만들어서 전시 한다거나, 지역 수학 축제나 교내 수학 축제에서 수학 체험전과 같은 부스를 운영한다고 하더라도 그 다음해, 또 그 다음해에 새로운 후배들이 작품을 만들거나 수학 부스를 운영하려고 하면 이전 경험의 토대 위에 새롭고 창의적인 아이디어를 더하기보다 다시 새로운 상태에서 시작해야 하는 부분에서 아쉬움이 있었다. 경험이 축적되어 의미 있게 발전하기보다 늘 새로운 경험을 그 자리에서 반복하며 일정한 수준 이상의 결과물을 만들기 어려운 상황을 극복하기 위한 방안이 무엇일지 생각해보았다. '어떻게 하면 학생들이 수학 관련 교내 활동에 참여하는 문턱을 낮출 수 있고 결과물 또한 더욱 의미있게 발전시킬 수 있을까?'라는 질문을 스스로에게 던져보았고 이 질문에 대해 찾은 하나의 방향은 선배와 후배간 수학 문화 교류의 활성화였다. 구체적으로 말하자면 수학 관련 활동을 시작하는 후배들이 1~2년 선배 뿐만 아니라 5년, 10년 선배들의 교내 수학 활동들을 보면서 새로운 출발선이 아니라 선배들이 만들어 놓은 출발선에서 시작하여 더욱 의미있는 활동들을 더해가도록 유도하는 것이었다. 이를 위해서는 졸업한 선배들과 재학생들의 만남이 필요했고 이 만남은 오프라인에서는 거의 불가능한 일이었으므로 결국 해법으로 생각한 아이디어의 결론은 시·공을 초월하여 서로가 만날 수 있는 '메타버스'였다. 이렇게 생각하고 보니 현재 근무중인 일신여고 지도를 그대로 본떠서 '메타버스'를 만들게 된다면 졸업한 선배가 옛추억을 회상하며 자신이 학교를 다녔던 해의 활동 내용들도 다시 보고자 메타버스에 방문할 수 있고, 또 후배들의 활동 사진과 영상들을 보며 응원과 격려의 댓글도 남기면서 수학이라는 교과를 통해 선.후배간 교류가 이루어질 수 있겠다는 기대감이 생기게 되었다. 그리고 아직 일신여고에 오지 않은 초등학생, 중학생들도 미리 일신여고 메타버스를 돌아다니면서 고등학교에서 어떤 수학 활동들이, 어떻게, 어느 수준으로 진행되는지 미리 경험하고, 그 학생들이 어느 고등학교를 가든지 새로운 출발선이 아닌 일정 수준 이상의 출발선에서 수학 활동을 시작하면 교내 수학 문화 뿐만 아니라 전반적인 중.고등학교의 수학 문화를 발전시키는데에 좋은 계기이자 발판이 조성될 수도 있겠다는 생각을 하게 되었다. 이를 통해 '긍정적인 학교 수학 문화가 지역 내에 조성되고, 수학 학습에 대한 관심과 수학 학습 역량 신장이라는 좋은 열매들도 기대할 수 있지 않을까?'라는 생각으로 메타버스 제작을 생각하게 되었다.

둘째는 수학 교사와 학생 상호간 의사소통 촉진을 위해서이다. 오프라인에서 교사가 학생들과 주로 만나서 소통하는 곳은 수업, 즉 교실이다. 그리고 교사 입장에서 수업 한번 하고 교무실로 돌아 오면 쌓여 있는 메시지와 업무를 처리하고, 일부 교무실로 찾아오는 몇몇 학생들과 이런 저런 이야기를 주고 받다 보면 바쁜 일과가 금방 끝나 있는 것이 현실이다. 또 학생 입장에서는 교사에게 질문을 하고 싶지만 여러 일들로 분주해 보이는 교사에게 마음 편히 질문할 수 있는 학생이 많지 않은 뿐더러 많은 학생이 함께 참여하는 수업에서 자기 혼자 교사의 피드백을 독차지하며 질문할 수도 없는 상황이다. 특히 교과 진도를 고려했을 때 수업 각 차시를 여유롭게 진행하기가 쉽지 않은 고등학교 특성상 학생이 교사에게 원하는 수준만큼 질문을 하기란 쉽지 않다. 또 용기내서 교무실로 찾아 와서 질문을 하려고 해도 그런 학생이 한두명도 아니고 교사 옆에는 늘 질문하러 온 학생들이 있다 보니 자연스럽게 학교 교사에게 질문하는 것을 꺼려하고 결국에는 본인 혼자 어떻게 해결해보려고 하거나 교사에게 겨우 1~2개 물어보는 것으로 만족하거나, 아니면 학원 선생님에게 갈 수 밖에 없는 것이 현실이다. 교사와 학생의 만남은 고사하고 학생이 교사에게 질문하는 것도 이렇게 어렵다면, 교과 학습에 대한 어려움과 고민이 있는 학생이 선생님께 찾아가서 이런 저런 상담을 요청하는 것은 더더욱 어려운 것이 현실이다. 설령 교과 선생님과 교과에 대한 고민으로 이야기를 한다고 하더라도 교사 만나기가 쉽지 않다 보니 단번에 해결될 문제가 아닌 것을 단번에 해결하고자 교사와 학생 서로 애를 쓰다가 일정 수준의 대화에 만족해야 하는 일도 매우 많다. 하지만 교사의 도움을 필요로 하는 학생은 너무나 많고, 교사는 힘들더라도 학생들에게 도움이 되고 싶어 하는 존재인만큼 교사와 학생들간에 상호작용의 접점을 넓힐 수 있는 방법이 무엇일지 고민하게 되었다. 그리고 이에 대한 방안은 결국 시·공을 초월하여 만날 수 있는 '메타버스'였다. 교사가 심적인 여유가 있을 때 학생들의 상황을 더 잘 보살피고 헤아릴 수 있다면 짧은 쉬는 시간이나 점심, 저녁 시간에 학생들과 대면해서 이야기를 주고 받는 것도 의미있지만 공강 시간에 학생들과 온라인상의 쪽지로, 또는 하교한 학생과 온라인상에서 얼굴을 마주하며 서로의 마음을 나눌 수 있는 공간이 바로 '메타버스'였던 것이다. 더군다나 자신을 가르치는 수학 선생님 뿐만 아니라 여러 수학 선생님들과 소통할 수 있다면, 그리고 학생들에게 마음 편히 수학 문제를 질문할 수 있는 코너를 만들어주고 수학 교사가 팀을 이루어 학생들에게 의미 있는 피드백을 남겨준다면 학생들이 수학에 대해 더 많은 관심을 가지고 조금이라도 학생들의 수학 학습 동기를 긍정적으로 형성하는데에 도움이 될 수 있을 것이라고 생각했다. 또한 학교 수학 선생님들이 학생들을 위해 이렇게 노력하고 있다는 간접적인 메시지 전달을 통해 교사와 학생간 상호작용이 더욱 촉진되고, 피상적인 만남이 의미 있는 만남으로 발전 될 수 있는 계기가 될 것이라 생각하였다. 그래서 '메타버스'에서 학생들이 모르는 문제를 질문하고 교사는 이에 대해 답변하는 공간, 교과별 수업 교실 공간, 수학 이벤트 공간 등 여러 공간을 구성하여 교사가 자료도 공유하고, 탐구 주제도 던져 보고, 읽어볼 만한 수학 책도 제시하고, 학생들의 수업 및 수학 축제 전시물에 긍정적인 응원과 격려의 댓글도 달고, 학생들의 다양하고 엉뚱한 질문에 답변도 해주면서 교내 수학 교사와 학생간 상호작용을 위한 접점을 넓히고자 '메타버스'를 제작하게 되었다.

셋째, '학교의 수학교육 역량 강화'를 위해서이다. 학교의 수학교육 역량을 끌어올리기 위해서는 교사와 학생 모두가 협력적인 팀워크를 이루지 않고서는 불가능하다. 교사가 최근 이슈가 되고 있는 다양한 수학교육 이론들을 공부하고 수업 현장에 적용한다고 하더라도 학생의 자발적 동기와 수학 학습 의욕 등이 지속적으로 뒷받침 되지 않는다면 교사의 노력은 허공에 울리는 메아리로 허무하게 끝날 수 있다. 또한 학생이 수학 학습에 관심을 가지고 다양한 수학 활동에 적극 참여한다고 하더라도 교사가 이전의 편한 수업 방식을 고집하고 학생들에게 문제를 풀고

답을 찾아내는 그 이상의 유의미한 경험을 제공하지 않는다면 결국 학생의 수학 학업 역량은 조금 올라갈 수 있을지라도 그것이 학교의 수학교육 역량 향상과 방향을 같이 한다고는 볼 수 없다. 즉, 학교의 수학교육 역량을 향상시키기 위해서는 교사와 학생 서로간에 노력과 협업이 필요한 것이다. 그래서 학생들에게 수학을 통해 어떤 경험을 제공했을 때 학생들이 흥미를 가지고 수학 학습에 대한 내재적 동기를 일으킬 수 있을지 고민하게 되었다. 그리고 지금까지 학생들이 경험하지 못했던 아주 색다르면서도 수학적으로 의미 있는 경험을 전달하기 위해서 어떤 시도들을 할 수 있을지 생각해보았다. 그리고 생각한 것이 바로 '메타버스'였다. 일신여고와 똑같은 모양의 캠퍼스를 가상 공간으로 제작하고 학생들이 메타버스를 돌아다니는 것이 마치 실제 학교를 산책하는 것처럼 느껴질 수 있도록 현장감을 더해주되, 메타버스 공간 전체가 '수학 놀이터'라는 컨셉을 유지하면서 수학으로 놀 수 있고, 수학 문화를 경험하고 향유할 수 있고, 더 나아가 개인의 수학 학습에 도움까지 줄 수 있는 공간으로 만든다면 학생들이 이전까지 경험하지 못한 색다른 재미와 유익함을 느끼면서 수학에 대한 관심도가 올라가고 수학 학습에 대한 내재적 동기도 한층 강화될 것이라 기대하였다. 또한 여러 명의 수학교사가 '메타버스'를 활용해 학생들과 소통하는 과정에서 자연스럽게 교사의 에듀테크 활용 능력 또한 신장될 것이고 이를 토대로 교사 개개인이 수업에 적합한 온라인 플랫폼을 선택하고 이를 활용하여 수업을 설계 및 진행하면서 색다르고 차별화된 다채로운 수업으로 학생들의 다양한 요구를 만족시켜줄 수 있을 것이라 기대하였다.

넷째, 학생들의 계속적 성장을 돕는 경험을 제공하기 위해서이다. 메타버스를 만들고 메타버스를 통해 수학과 행사를 기획하게 게 된 큰 이유 중 하나는 끊임없이 새로운 것을 시도하고 그 범위를 확장하는 교사의 자발적이고 능동적인 태도를 학생들에게 직접 보여주는 것도 교육적으로 의미있겠다고 판단하였기 때문이다. 과거 충남삼성고에 근무할 때 퇴직을 한 달 앞둔 교장선생님과 담임교사간에 식사자리가 있었다. 그때 한 담임 선생님이 교장 선생님에게 자녀들에게 어떤 아버지로 기억되고 싶은지 묻는 질문에 '늘 새로운 일에 도전하는 아빠'로 기억되기를 원하고 자녀들이 도전적으로 삶을 살아가길 원하기 때문에 그 모습을 보여주고자 자신도 끊임없이 도전하려고 노력하고 있다는 말씀이 당시 이제 갓 교사 생활을 시작하는 입장에서 큰 도전과 울림이 되었다. 학교 메타버스 제작을 고민하던 시기에 이 말씀이 떠올랐다. 새로운 것에 과감하게 도전하고, 시대의 변화에 발맞추어 스스로의 역량을 지속적으로 성장시키는 학생들로 교육하고 싶은 교사의 마음을 전달하기 위해서는 먼저 그러한 모범을 보이는 것이 필요하겠다고 생각하였다. 지필·수행평가와 수능 시험을 통해 평가를 받는 학생의 입장에서는 교사에게 교과의 개념적·절차적 지식을 유의미하게 배우는 것이 가장 중요하다고 생각할지 모르겠지만, 학생의 전인적 성장을 촉진하고 조력하기 위한 교사 입장에서는 물고기를 잡아주는 것보다 물고기를 잡는 방법을 알려주고 싶고, 지금 당장의 성적보다 앞으로 살아갈 힘을 기르는데 필요한 역량을 향상시켜주고 싶은 마음을 교사마다 그 크기의 차이는 있겠으나 대부분의 교사가 품고 있으리라 생각된다. 이러한 전인적 성장을 위해 창의적이고 도전적인 학교 문화를 만들어 보고 싶었고, 창의적으로 도전하는 수학 교사들의 모습을 먼저 보여줌으로써 학생들에게 좋은 모델이자, 긍정적인 방향으로의 '잠재적 교육과정'을 형성하고 싶었다. 이러한 교육적 꿈은 정말 감사하게도 한 학기 만에 학생들로부터 반응이 나오기 시작하였다.

사랑하는 일신여고 학생들은 메타버스를 재미있게 이용하는 것에만 그치지 않고 이를 활용하여 각자의 개성에 맞게 한 단계씩 도약하는 모습을 보였다. 학교 메타버스에서 아이디어를 얻어서 학생들이 자신의 진로나 관심 주제에 맞게 메타버스 제작에 과감하게 도전하게 된 것이다. 국어교육과를 희망하는 곽수인 학생(2024 졸업)은 다양한 문학 작품을 공부할 수 있는 메타버스를 제작하여 이를 활용해 친구들에게 문학 작품 학습에 도움을 제공하였고, 미디어콘텐츠학과를 희망하는 박민아 학생(2024 졸업)은 영어회화 시간에 전 세계 지도를 직접 제작하여 전 세계를 누비며 각 나라의 문화와 특색을 영어로 알아보는 메타버스를 제작하는 등 교사가 만든 메타버스보다 더 질적으로 우수한 메타버스를 만들어내고 활용하는 모습을 보였다. 특히 박민아 학생이 제작한 메타버스는 추후 학교에서 각 교과별로 활용할 수 있는 여지가 매우 많아서 대입 전형이 마무리되고 함께 고민하면서 학교 메타버스와 연계하여 의미 있는 결과물을 만들어보기로 이야기를 나누었다. 후배들의 성장을 위해 기꺼이 자신의 재능과 시간을 기부하는 멋진 선배의 모습에 참 감사했고, 작은 활동 하나에도 진심을 다해 임하면서 수준급의 메타버스를 제작한 일신여고 학생들이 자랑스럽기도 하였다. 또한 학교 축제때 일신여고 수학동아리 중 '매쓰홀릭'과 '한사랑수학연구회' 동아리에서 방탈출 부스를 운영하는 과정에서 '젭(ZEP)'으로 자신들이 만든 메타버스를 활용하는 모습을 보이는 등 학생들이 과감하게 메타버스 제작을 시도하는 모습들을 보며 다시 한번 느끼게 되었다. '역시 학생들은 교사가 생각하는 그 이상으로 훌륭하다'는 것을!

학교 메타버스 제작 과정

2장 학교 메타버스 제작 과정

(1) 학교 메타버스 디자인하기

실제적이고 현실성을 갖춘 학교 메타버스 제작을 위해 먼저 인터넷 지도 검색을 통해 학교 지도를 확인하였다. 그리고 '젭(ZEP)'은 여러 개의 작은 정사각형으로 이루어진 지도에서 정사각형 하나하나의 그림을 채우면서 메타버스를 만드는 프로그램이기 때문에 '젭(ZEP)'에서 바로 메타버스를 제작하지 않고 먼저 엑셀로 학교 지도를 표현하였다.

'네이버 지도'를 활용한 학교 캠퍼스 지도

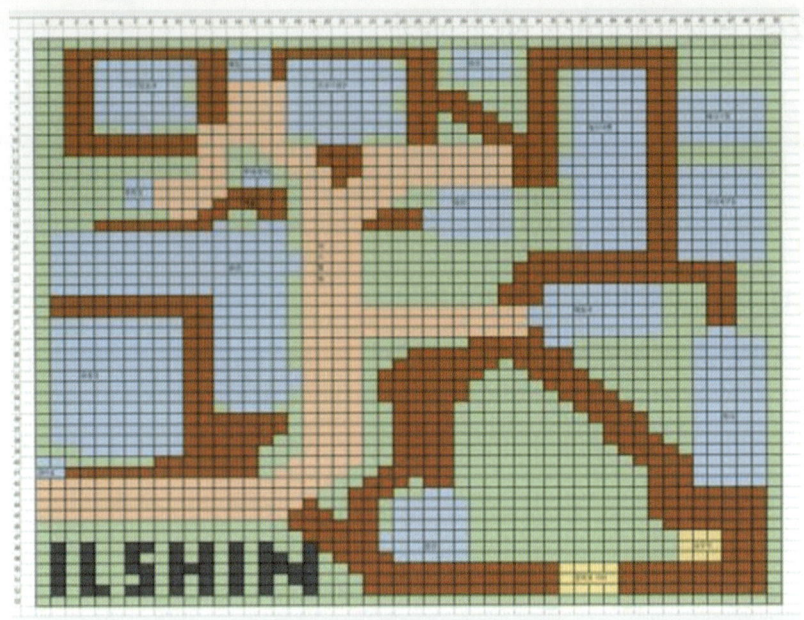

엑셀로 표현된 학교 캠퍼스 지도

　학교 메타버스를 제작할 때 학교 지도를 보면서 바로 '젭(ZEP)'에서 만드는 것이 시간을 단축하는 방법처럼 보일지 모르겠으나 혹여나 1~2곳에서 작업의 어려움이 발생되었을 때 맵의 전체를 수정해야 하는 어려움이 뒤따를 수 있기 때문에 수정이 비교적 간단한 '엑셀'에서 '젭(ZEP)'으로 만드려는 맵과 동일한 크기로 가로와 세로를 각각 작은 정사각형 50칸, 53칸으로 만들었고 '건물, 잔디밭, 인도, 차도'를 서로 다른 색으로 구분하면서 '엑셀'에서 먼저 학교 메타버스의 초안을 작성하였다.

　초안 작성 과정에서 실제 학교 지도와 조금 달라진 부분들이 있다. 실제 학교 지도와 조금 상이하게 학교 메타버스를 제작할 수 밖에 없었던 이유는 '젭(ZEP)'은 정사각형 단위로 벽이나 도로, 오브젝트(메타버스에서 여러 기능을 수행할 수 있는 물건) 등을 놓을 수 있기 때문에 정사각형의 내에서 일부분(또는 대각선의 한 부분)만을 벽으로, 남은 일부분만으로 도로로 표현하려면 별도로 그러한 그림 파일을 직접 정사각형 단위로 제작해서 업로드를 하고 사용해야 하는 번거로움이 있었고 시간을 들여 이런 과정을 모두 수행하기에는 학교 메타버스 제작 목적과 상당 부분 동떨어져 있었기 때문이다. 그래서 어느 정도 학교의 건물 위치를 재조정하되 현실감을 놓치지 않기 위해 주요한 특징들은 어떻게든 학교 메타버스에 모두 반영하고자 노력하였다. 초안 작성이 마무리 되고 '젭(ZEP)'의 실제 맵에서 학교 메타버스를 만들때는 초안과 또 다른 모양으로 구현되기는 하였지만, '엑셀'로 미리 초안을 만들어둔 것이 시간의 효율성과 일의 효과성 측면에서 큰 도움이 되었던 것은 분명하다.

'젭(ZEP)'으로 학교 메타버스를 만드는 것은 일이 아니라 취미처럼 느끼고 싶어서 학교가 아닌 자주 가는 카페에서 학교 메타버스를 제작하기 시작하였다. '젭(ZEP)' 사이트에 로그인하여 '스페이스 설정'을 누르고 만들고자 하는 스페이스의 특성들을 설정하기 시작하였다. 2~3달 전에 연수에서 '젭(ZEP)'에 어떤 기능들이 있는지 대략적으로 배웠지만 막상 제작을 시작하니 모든게 낯설었다. 그래서 처음 10분 정도는 연습만 해보자는 생각으로 여러 버튼들을 누르면서 각각의 기능들을 파악했다. 역시 '에듀테크'는 직접 조작해보고, 모르겠으면 여러 고수들이 영상 공유 플랫폼이나 인터넷에서 공유하는 지식들을 습득해가면서 배우는 것이 빠른 길이라는 것을, 그리고 '구성주의'의 힘은 대단하다는 것을 새삼 느끼는 과정이었다. 10분 정도 이것 저것 경험해보니 대략적으로 메타버스 제작의 방향을 잡을 수 있었다. 특히 '젭(ZEP)'은 한국 회사가 만든 프로그램답게 조작이 매우 쉬웠고 직관적이었다. 그래서 기본적인 방법을 익혔다고 판단한 이후 '젭(ZEP)'의 기본 화면에서 '스페이스 만들기'를 클릭하고, '빈 맵에서 시작하기'를 눌러서 학교 외곽부터 그리기 시작해서 차도, 인도, 건물, 잔디밭 순서대로 학교 메타버스를 투박하게 나마 제작하기 시작하였다.

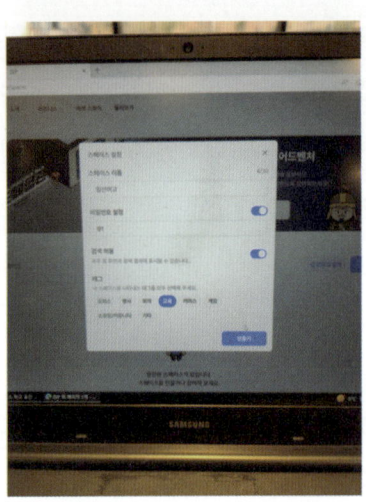

젭(ZEP)으로 메타버스를 처음 만드는 스페이스 설정 화면

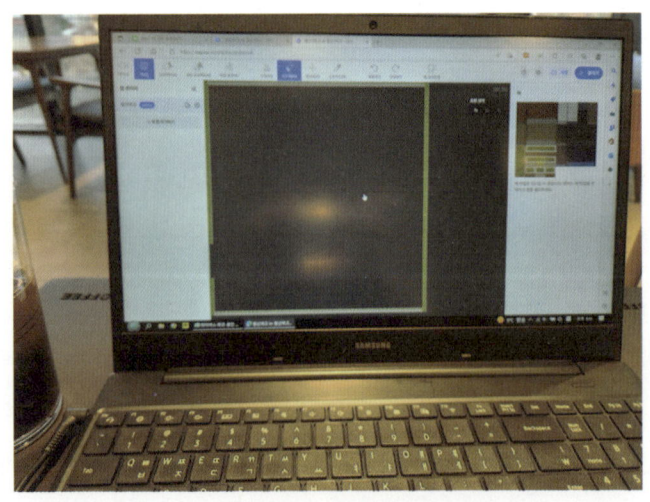

학교의 담벼락을 설정하는 것에서부터 학교 메타버스 제작이 시작되었다.

역시 처음 시작이 어려웠을 뿐, 한번 시작하고 나니 어릴 때 '레고' 조립하면서 놀았던 즐거운 기억과 비슷한 느낌으로 학교 메타버스를 제작하기 시작하였다. 이렇게 하여 완성된 학교 메타버스의 기본 메인 공간이 다음과 같이 제작되었다.

<일신여고 학교 메타버스 기본 메인 화면>

학교 맵이 다 만들어진 이후 실제 '플레이' 버튼을 눌러서 만들어진 메타버스에 들어가보니 '젭(ZEP)'의 경우 처음 시작점을 별도로 설정하지 않으면 맵의 중앙에서 시작한다는 것을 알게 되었다. 메타버스에 들어가자마자 학교 한 가운데에 있는게 어색해서 다시 '맵 에디터'에 들어가서 시작점을 학교 정문으로 설정하여 학교에 들어오는 자연스러운 분위기를 연출하였다. 또한 학교 메타버스에 접속했을 때 학교의 교육 목표, 학교의 정체성이 확실하게 드러나도록 하여 우리 학교가 어떤 학교이며, 어떤 학교가 되기를 희망하는지를 소개하고자 하였다. 이를 위해

교내 홈페이지에 게시된 교장 선생님의 인사말을 토대로 아래와 같이 1~3번의 세가지 문구를, 그리고 4번은 학교에 대한 개인적인 목표를 문구로 만들어서 메타버스 초기 시작 화면 도로에 기록하였다.

> 1. 사랑할 줄 알고, 희생할 줄 알고, 나누어주기를 기뻐하는 일신 공동체
> 2. 빛과 소금으로서 세상을 변화시키는 일신 공동체
> 3. 존귀한 사람, 존귀한 공간, 일신 공동체
> 4. Good to Great ILSHIN Academy (좋은 학교를 넘어 위대한 학교로 나아가는 일신 공동체)

그리고 재학생과 졸업생들에게는 학교에 대한 자부심과 옛 추억을 선물하기 위해 메타버스에 접속하면 학교에서 늘 보던 영문자 'ILSHIN'이 보일 수 있도록 왼쪽 아래 모서리에 크게 기록하여 이 공간이 일신여고 메타버스이며 실제 일신여고에 들어온 것과 같은 분위기를 연출하고자 하였다. 또한 학교 메타버스라 함은 실제 학교 건물을 이용하는 것과 같이 학교 건물 안으로 들어가서 해당 건물의 특색에 맞는 활동을 누릴 수 있어야 하므로 추가로 맵을 제작하였고 또 일부는 '젭(ZEP)'에서 미리 만들어놓은 스페이스를 활용하여 기본 메인 공간과 건물 내부 공간을 각각 모두 연결하는 작업을 거쳤다. 이 작업도 처음이 어렵지 막상 한번 시작하면 일정한 루틴을 반복해야 하는 단순한 과정('타일 효과'에서 '포털'과 '지정 영역'을 반복적으로 설정해주는 과정)이라서 어렵지 않게 진행할 수 있었다. 이를 통해 일신여고 학교 메타버스에는 종교실, 수학과 교무실, 수학교과실, 스터디룸, 선교기념관, 매점 등 17개의 서로 다른 공간들로 접속할 수 있는 다양한 환경이 조성되었다.

(2) 교사와 학생의 만남의 통로 만들기

학교 메타버스를 만드는 것보다 더 중요하고 의미 있는 것은 학교 메타버스를 교육 활동에 적절하게 활용하는 것이다. 즉, 교사와 학생이 학교 메타버스에 참여하는 과정에서 '에듀테크'를 활용하는 어려움을 최소화해야 교육적으로 의미 있는 무언가를 서로 시도할 수 있다고 판단하였다. 또한 수학과를 시작으로 메타버스의 교육적 활용에 대한 여러 시행착오를 겪으면서 학교 메타버스를 개선시켜 결국엔 다양한 교과 행사가 메타버스에서 동시다발적으로 이루어지고 재학생과 졸업생, 그리고 학교 울타리를 넘어 지역 사회로까지 학교가 가진 역량을 기부할 수 있는 그림을 그려보았다. 따라서 메타버스를 관심 있는 몇몇 교사만 사용하는 것이 아니라 누구든지 쉽게 사용할 수 있는 방법을 모색하였고, 현재까지 찾은 방법은 교사 또는 교과별로 대표 '패들렛' 링크 하나를 메타버스의 오브젝트에 연결시키고 교사 또는 교과에서는 대표 패들렛에 다양한 게시글과 링크를 공유하면서 패들렛만 관리를 하면 교사와 학생이 메타버스를 통해 충분하고 의미 있는 만남이 이루어지도록 하는 것이다. 물론 '이럴거면 대표 패들렛 링크만 있으면 되지 굳이 메타버스를 무리하게 엮는게 아닌가?' 라는 생각도 들었다. 하지만 대표 패들렛 링크 주소만 교사 및 교과별로 홈페이지에 나열된 것보다는 학생이 교내 메타버스를 통해 교무실에 들어가고, 교사 및 교과 게시판을 찾고, 서로간의 만남이 이루어지는 실제감에서 오는 학습 흥미와 관심, 그리고 교육적 효과가 있을 수 있고, 무엇보다 학생과 학생이 온라인상에서 서로 얼굴을 마주하고 목소리를 주고 받으며 만날 수 있다는 것, 그리고 재학생과 졸업생, 교사가 함께 만날 수 있는 공간이라는 점에서 메타버스를 놓칠 수 없었다. 특히 패들렛의 장점은 누군가 내 패들렛에 게시글이나 댓글을 올렸을 때 폰으로 알림창이 뜬다는 것이다. 그래서 학생의 질문을 교사가 쉽게 확인하고 빠르게 피드백을 줄 수 있고 이러한 장점으로 더 많은 학생들이 학교 메타버스를 활용해 교사와 의사소통을 할 수 있는 접점이 넓어졌다는데에 의미가 있었다.

아래는 '수학과 교무실'이고 선생님에 따라서 교과별 또는 개인별로 패들렛을 운영하시면서 학교 메타버스를 활용해주셨다.

수학과 교무실에는 일신여고에 근무하는 모든 수학 선생님들의 오브젝트가 있다.

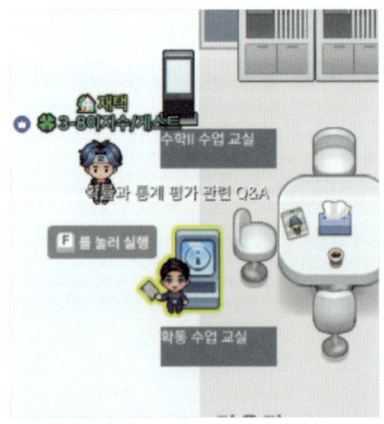

수학과 교무실에 있는 각 교과별 게시판

예를 들어 '확통(확률과통계) 수업 교실' 게시판에 접속하게 되면 해당 학기의 지필·수행평가 방법, 수행평가 및 학습 자료와 같은 공통 공지 사항이 있고, 이와 함께 확률과통계 담당 교사의 패들렛이 각자 위치해 있다. 각 교사의 패들렛에 접속하면 해당 교사가 수업 시간에 학생들과 어떤 수업 활동을 했는지를 간략히 살펴 볼 수 있고, 학생들도 지오지브라나 알지오매쓰, 데스모스(Desmos), 스프레드시트 등의 공학 도구를 활용하여 수업에 어떻게 참여하였는지 그 과정과 결과를 확인해볼 수 있다. 또한 수업에서 활용했던 사진, 영상 자료들이 업로드 되어 있고 학생들의 수행평가 결과물 제출 코너, 수업 운영 피드백(교사에게 바라는 점), 과제 등이 수록되어 있다.

이렇게 누구나 쉽게 사용할 수 있는 패들렛을 메타버스와 연결지음으로써 메타버스 활용의 장벽을 없애고자 노력하였고 메타버스를 함께 활용하자고 부탁드린 수학 선생님들은 감사하게도 이러한 시스템에 쉽게 적응하는 모습을 보여 주셨다.

수학과 교무실의 확률과통계 수업 게시판에 들어가면 위와 같은 수업 관련 패들렛이 업로드된다.

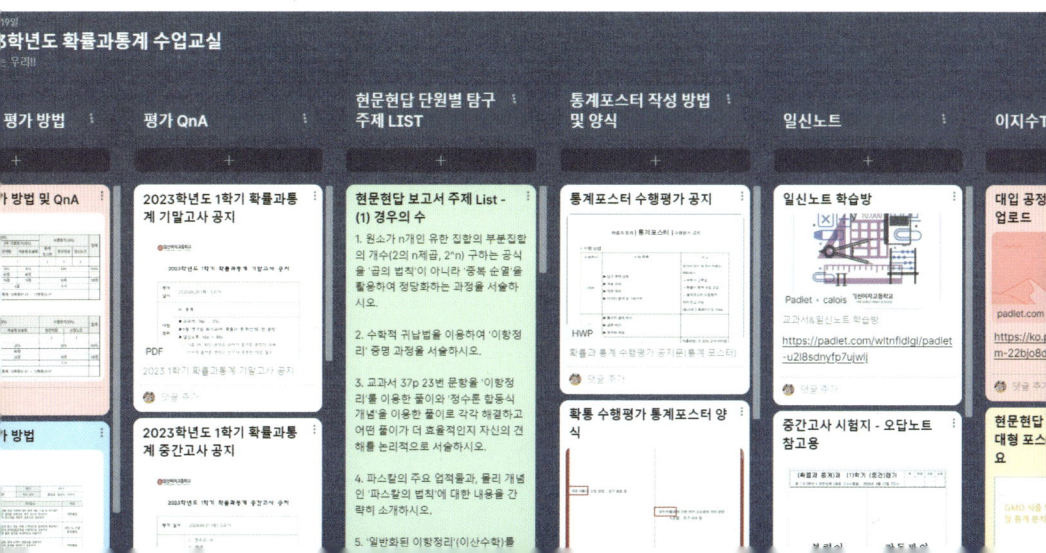

또한 메타버스의 수학과 교무실 안에서는 캐릭터 오브젝트에 수학과 선생님들 성함을 붙여 놓고 해당 오브젝트를 실행시키면 각각의 선생님들이 학생들에게 하고 싶은 한 마디가 나오게 하여 수학 선생님들이 가장 우선시하는 것이 무엇이며 어떤 학생들로 자라기를 희망하는지, 수학 공부는 어떻게 하는지 등을 학생들에게 제시해 주는 코너를 마련하였다. 이로 인해 수학 교사와 학생간에 유대감을 더욱 깊이 있게 형성할 수 있기를 기대하고 있다.

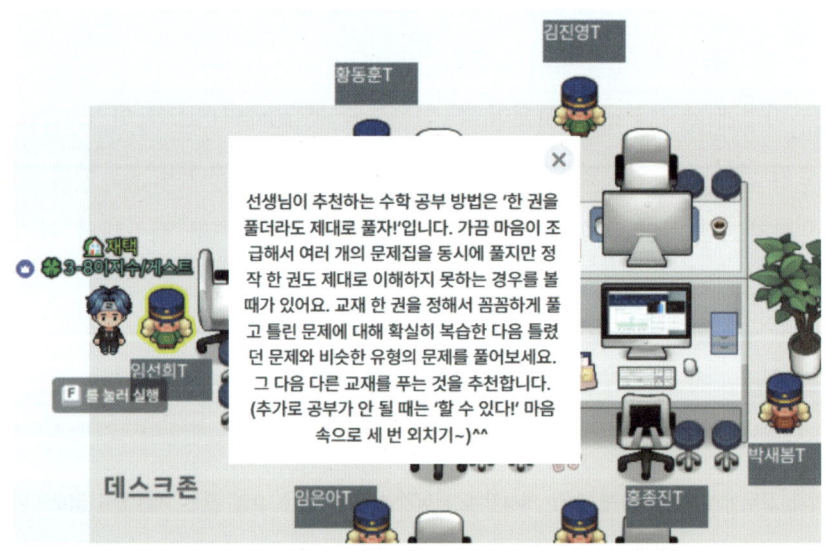

일신여고 임선희 선생님 오브젝트를 실행하면 학생들에게
수학 공부 방법을 알려주는 응원의 글이 업로드된다.

(3) 수학으로 학교 메타버스 채우기

학생들이 학교 메타버스에 관심을 가지고 접속하고자 하는 마음이 생기게 하기 위해서는 학교 메타버스에 접속해야만 볼 수 있는 것, 배울 수 있는 것 등이 필요했다. 그래서 재학생 및 졸업생들의 흥미와 관심을 유발할 수 있는 방안이 무엇일지 고민하였고 학교 메타버스에서 수업 뿐만 아니라 수학과의 일련의 행사 자료, 그리고 여러 학생들의 작품과 결과물로 함께 만들어가며 자신만의 추억이 담긴 학교 메타버스로 구성해 가는 것이 필요했다. 그래서 2023학년도는 일신여고 학생들과 수학으로 여러 활동을 하면서 활동 결과물을 학교 메타버스에 하나 둘씩 업로드하여 학교 메타버스를 수학으로 아름답게 채우는 계획을 세우게 되었다. 물론, 이전부터 지금까지의 수학과 자료들을 활용하여 학교 메타버스를 꾸밀 수도 있었지만 '재학생들과 함께 만들어가는' 학교 메타버스를 만들고 싶어서 2023학년도의 자료들부터 업로드하기 시작하였다. 학교 메타버스를 수학으로 꾸미는데 결국은 수학과 모든 행사와 프로그램이 다 활용되었지만 처음에는 '전지적 수학 시점'과 '수학적 사고와 증명 포럼'이라는 창의적 체험 활동 프로그램을 진행하여 학생들의 결과물로 학교 메타버스를 꾸밀 계획을 세웠다. '전지적 수학 시점'과 '수학적 사고와 증명 포럼'이라는 두 프로그램은 아래와 같은 포스터로 전교생에게 동시에 공지되었고 '전지적 수학 시점'은 최종 96명의 학생이, '수학적 사고와 증명 포럼'은 16명이 참여하여 훌륭한 작품과 결과물을 제작하였다. 특히 예술이나 문학 등 다양한 진로를 희망하는 학생들도 수학 프로그램에 참여할 수 있도록 수학 디자인이나 웹툰, 시화, 소설 등의 다양한 프로그램을 준비하였고 참여의 문턱을 더욱 낮추고자 각 프로그램별로 포스터 양식과 예시를 제공하였다.

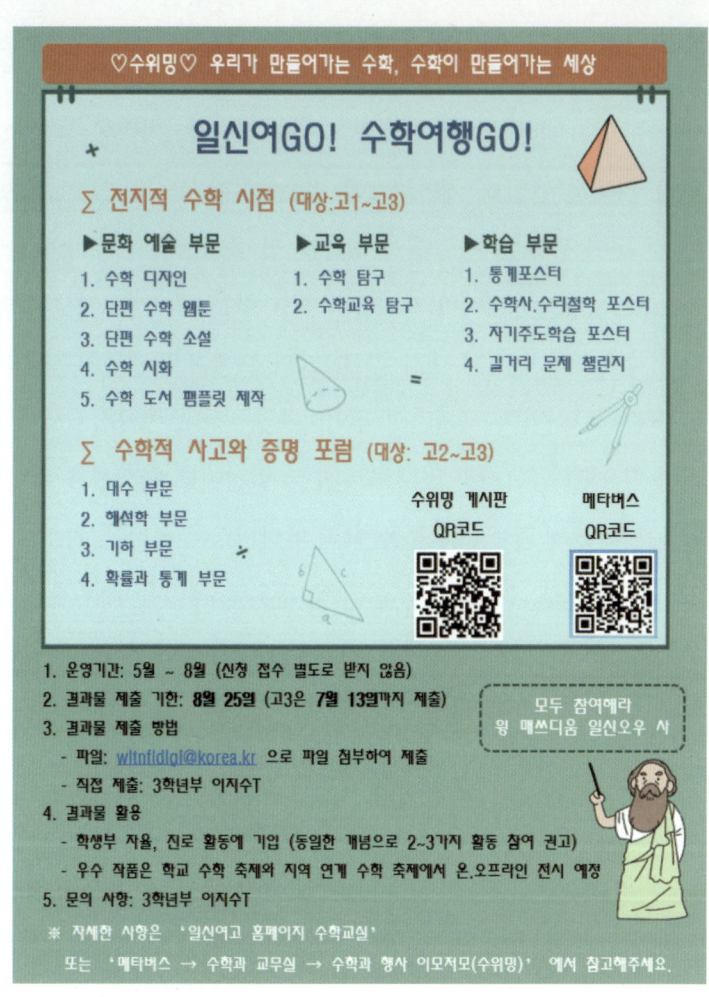

전지적 수학 시점, 수학적 사고와 증명 포럼 공지 포스터

    이를 통해 학생들이 제출한 결과물 중 수학 교사 협의 하에 우수 작품을 선정하여 선정된 작품과 결과물들을 교내 수학 축제에 전시하고 학교 메타버스에도 업로드하여 학교 메타버스에 우리 학교의 수학 이야기를 담아낼 수 있게 되었다. 또한 학생들의 진심이 담긴 프로젝트 수행은 그대로 개별 학생의 자율 및 진로 활동에 의미 있는 기록으로 남게 되었다.

또한 여러 학생들이 학교 메타버스에 접속하여 수학으로 쌍방향 소통할 수 있는 방법이 무엇이 있을까 고민하였고 학교 메타버스를 돌아다니는 것도 결국은 길거리를 돌아다니는 것이라는 아이디어에 착안해서 '길거리 문제 해결 챌린지'를 학교 메타버스에서 개최하였다. 일신여고 수학 동아리 중 '한사랑 수학 연구회' 학생들의 도움을 받아 동아리 학생들이 문제 게시판에 문제를 올리면 일신여고 전교생은 시간이 될 때마다 문제 게시판에 접속하여 자기 학년에 해당하는 문제의 풀이를 작성하고 업로드하는 활동이었다. 그래서 길거리 문제 해결 챌린지에 참여하는 학생들이 문제에 대한 풀이와 답을 업로드하면 문제를 출제한 동아리 학생이 결과를 알려주면서 문제를 가장 많이 맞추거나 어려운 문제를 지속적으로 도전하는 학생들에게 시상을 하는 프로그램을 진행하였다.

그리고 학교에서 진행되는 수많은 수학과 행사들의 사진 자료들을 각각의 수학 선생님들께 받아서 학교 메타버스의 본관에 '수학과 게시판'

일신여고 길거리 문제 해결 챌린지 화면 일부

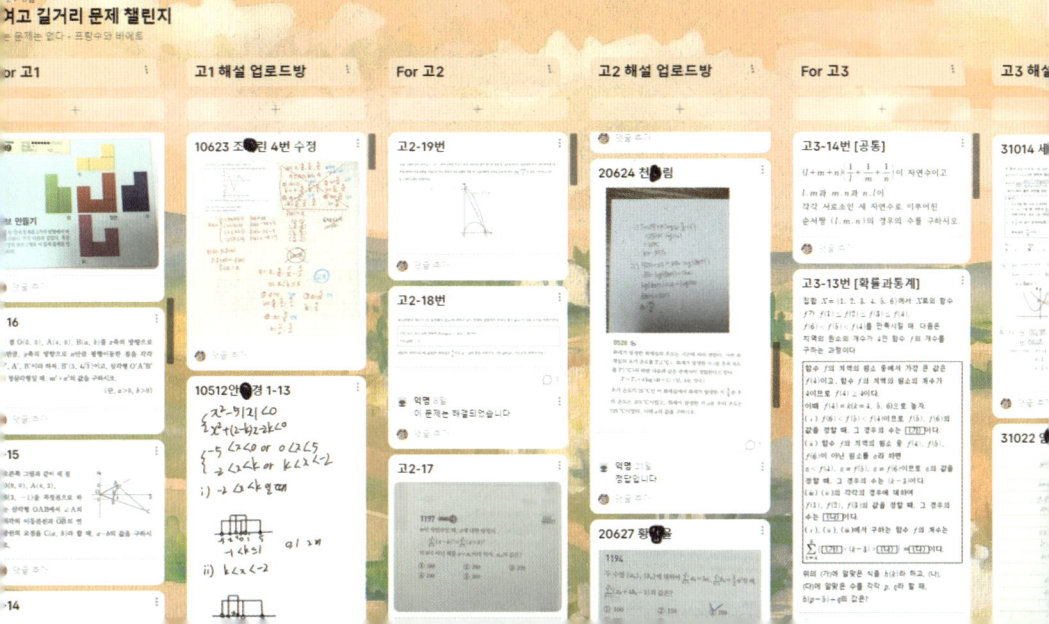

을 만들고 2023학년도에 있었던 수학과 관련 모든 학생 활동 자료들을 업로드해 놓았다. 이러한 과정을 2024학년도, 2025학년도에도 꾸준히 지속하면서 학교 메타버스가 일신여고의 수학 관련 박물관과 같은 공간으로 만들어지기를 기대하고 있다. 또한 일신여고에서 수학교육이 어떻게 진행되고 있고, 또 진행되었는지를 확인할 수 있는 통로를 마련함으로써 교사와 학생이 과거로부터의 성찰을 통해 보다 나은 수학교육 환경을 조성하는데에도 활용될 수 있을 것으로 기대하고 있다.

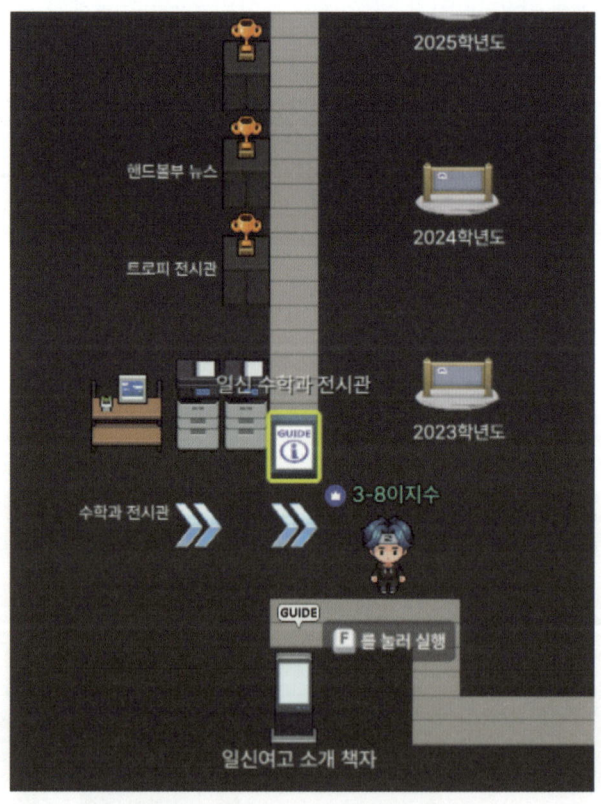

학교 메타버스에 있는 수학과 전시관

2023학년도를 시작으로 수학과 활동 결과물과 프로그램 진행 과정을 누적 업로드 하기 위해 '2023학년도' 게시판 오브젝트를 만들었고 이 오브젝트를 실행시키면 해당 학년도에 있었던 수학과 행사와 학생 사진, 결과물 등이 모두 수록된 패들렛에 접속할 수 있다. 이를 통해 일신여고 수학과에서 어떤 활동들을 했는지, 학생들이 어떻게 참여하였고 어떤 결과물을 만들었는지를 볼 수 있다. 또한 후배들이 이후에 수학과 행사에 참여할 때 선배들의 참여 모습과 결과물을 먼저 살펴봄으로써 자신들이 수학과 행사에 어떻게 참여하고, 어떤 수준의 결과물을 만들어야 하는지에 대한 방향을 잡는데에 도움을 줄 수 있다. 한편 이 곳에는 수학 교사의 검증을 받은 우수한 작품과 결과물들을 업로드 하여 전시함으로써 후배들의 활동 목표와 수준을 상향평준화 시킬 수 있다는 장점도 있다. 2023학년도 오브젝트에 접속하면 다음과 같은 패들렛을 만나볼 수 있다.

2023학년도에 EBSi 대표 수학 강사를 초청하여 재학생 및
지역학생과 학부모님들을 위한 강연회를 개최하였다.

수학 프로그램에 참여한 학생의 결과물 중 우수한 작품은 별도 선정하여 전시하였다.

기타 자세한 사항은 일신여고 메타버스에 접속하여 '본관'의 오른쪽 하단부 '2023학년도' 게시판에서 확인할 수 있다.

(4) 학교 메타버스 완성

우리 학교의 자랑, 지역 문화재 양관

일신여고는 '청주 탑동 양관'이라는 청주 지역 문화재를 캠퍼스 안에 지니고 있다는 특이한 점이 있다. 외부인이 학교에 들어왔을 때 가장 먼저 놀라는 것이 아무리 중·고등학교가 합쳐져 있다고 하더라도 보통 학교보다 훨씬 큰 부지와 형형색색의 꽃들, 그리고 현대식 학교 건물과 '청주 탑동 양관'이라는 서양식 건축 양식 4채가 서로 조화를 이루며 학교를 이루고 있다는 것이다. 그래서 일반적으로 일신여고에 방문해주신 분들은 공통적으로 "대학교같다.", "캠퍼스라는 말이 잘 어울린다" 등의 평을 해주신다. 또 수능 예비 소집과 수능 시험으로 일신여고에 방문한 학생들을 만날 때마다 듣는 이야기이지만 대부분의 학생들이 학교가 대학교 같아서 산책할 맛이 나겠다, 딱딱한 학교 건물보다 동산같은 분위기여서 좋다는 등의 평도 자주 듣는 편이며 참고로 일신여고는 학교의 어떤 부분이 평가 기준인지는 모르겠으나 2022년에 '아름다운 학교' 대상을 수상하기도 하였다.

<일신여고 내 민노아 선교사 기념비>

<일신여고 내 충북 기독교 역사관>

<일신여고 양관 5호와 일신여중 건물>

따라서 메타버스를 제작하면서 일신여고에는 '양관'과 같은 지역 문화재가 있고, 특히 일신여고 터를 기반으로 선교 사역을 했던 민노아 선교사를 기념하는 기독교적 문화재가 있음을 나타내고 싶었다. 이를 위해 수학 축제 TF팀 학생들에게 교내 각각의 양관을 소개하는 영상을 만들어 줄 것을 부탁하였고, 선교부 2명에게는 민노아선교사를 소개하는 영상을 제작해달라고 부탁하였다. 영상 링크를 학교 메타버스 각각의 양관을 소개하는 게시판(오브젝트)에 연결하여 학교 메타버스를 방문한 분들이 오브젝트를 실행시키면 교내 학생이 직접 학교를 소개하는 것과 같은 분위기를 연출하고자 함이었다. 감사하게도 학생들이 열심히 자료를 수집하고 멋진 영상을 만들어주어서 교내 메타버스에 연결시킬 수 있었다.

양관 5호 안내 영상 오브젝트를 실행시키면
학생들이 제작한 양관 5호 소개 영상이 나온다

양관 3호에서는 학생들이 제작한 민노아 선교사 안내 영상과
충북 CTN뉴스에 소개된 양관 관련 인터뷰 영상을 볼 수 있다.

또한 교내 캠퍼스를 돌아다니다 보면 아래와 같이 일신여고 안에 있는 문화재를 자세하게 소개하는 안내판이 있다는 점도 메타버스에 구현하고 싶었다.

교내에 설치된 실제 문화재 안내 게시판

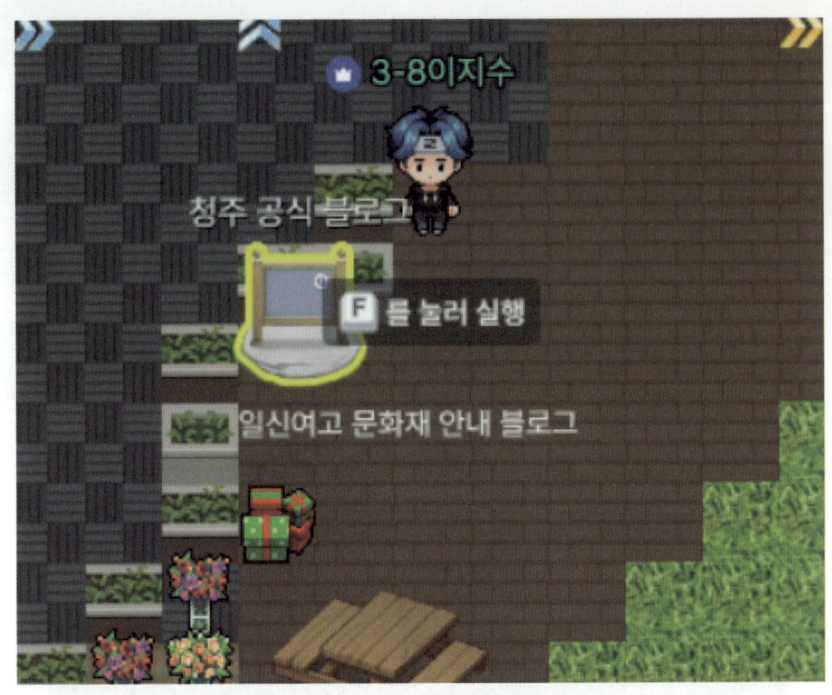

메타버스에 설치된 문화재 안내 블로그 게시판

    그래서 일신여고 학교 문화재를 잘 설명해주는 청주 여행 공식 블로그를 찾아서 교내 메타버스와 연결하였고, 또 충북 CTN뉴스에서 민노아 선교사와 양관에 대한 기독교적 역사적 가치를 잘 설명해주는 영상을 찾게 되어 뉴스 영상 또한 교내 메타버스의 오브젝트와 연결지음으로써 일신여고의 역사와 문화재를 소개하는 코너를 마무리할 수 있었다.

우리 학교의 자랑, 일신여고 핸드볼부!

각 학교별로 자랑스럽게 여기는 학교의 특징이나 장점이 한가지씩은 있을 것이다. 일신여고는 핸드볼 학교로서의 위상이 매우 높다. 2022년에 이어 2023년에도 전국체육대회에서 우승을 기록할 정도이다. 이러한 사실도 학교 메타버스에서 소개를 안할 수가 없었다. 그래서 실제 학교 본관 1층에 전시된 트로피 등을 메타버스에서도 볼 수 있도록 아래와 같이 수학과 전시관 옆에 일신여고 핸드볼 부에 대해 알 수 있는 코너를 작게 마련하였다.

일신여고 핸드볼부에 대해 알 수 있는 오브젝트

우리는 '하나님 사랑, 이웃 사랑'을 건학 이념으로 하는 기독교 학교!

일신여고는 숭실고, 숭일고 등과 같은 기독교 학교(미션스쿨)이다. 다른 학교와 차별된 부분이라면 또 차별된 부분이라 할 수 있기에 이 부분도 학교 메타버스에 담아서 우리 학교를 소개하고 싶었다. 그래서 교목으로 애써주시는 전지하 목사님께 부탁드려서 선교부 학생들의 활동 자료들을 받았다. 이후 현재 '교목실'로 사용중인 양관 5호에 '교목실'을 만들고 여기에 선교부 학생들의 활동 영상들을 볼 수 있는 오브젝트를 설치하여 일신여고가 기독교 학교이고, '사랑'이라는 가치를 학교에서 실현하기 위해 교사와 학생이 얼마나 노력하고 있는지를 느낄 수 있는 공간을 마련하였다.

<양관 5호에 있는 교목실 화면 일부>

메타버스는 공부만 하는 곳인가요?? 아니요!!

학교 메타버스가 수학으로 꾸며지는 것은 필요하지만 자칫 학생들이 느끼기에 학교 메타버스와 수학 교과가 강하게 연결되면 학교 메타버스에 대한 흥미가 줄고 오히려 부담스러워할 수도 있겠다는 생각을 하게 되어 학급별로 학교 메타버스에서 놀 수 있는 공간을 일부 마련하였다. 그 중 하나가 학교 메타버스에서 달리기 시합 게임을 하는 것이다. 운동장 내 일부에 '경주 트랙' 오브젝트를 마련하였고, 이 오브젝트를 실행시키면 게임장으로 들어가게 된다.

<경주 트랙 게임에 들어가는 오브젝트>

이 게임은 '젭(ZEP)'에 기본적으로 설정이 되어 있는 게임이라서 별도의 맵 제작이나 게임 제작 등의 어려운 과정은 없었다. 이 맵을 학교 메타버스에 연결하면서 2023학년도 지필, 수행평가가 모두 끝나고 여유가 있는 시기에 전교생 학급 대표를 뽑아서 학교 메타버스의 가상 공간에서 학급별 달리기 시합을 해보는 것도 재미있겠다는 생각을 했다. 그리고 이 게임이 잘 구동되는지 확인하기 위해 3학년 8반 친구들과 여유 있을 때 한판 하였는데, 고3이라 하기에 무색할만큼 재미있고 열정적으로 해주어 함께 즐거운 시간을 보낼 수 있었다.

2023학년도 3학년 8반 학생들과 학교 메타버스에서 달리기 시합!

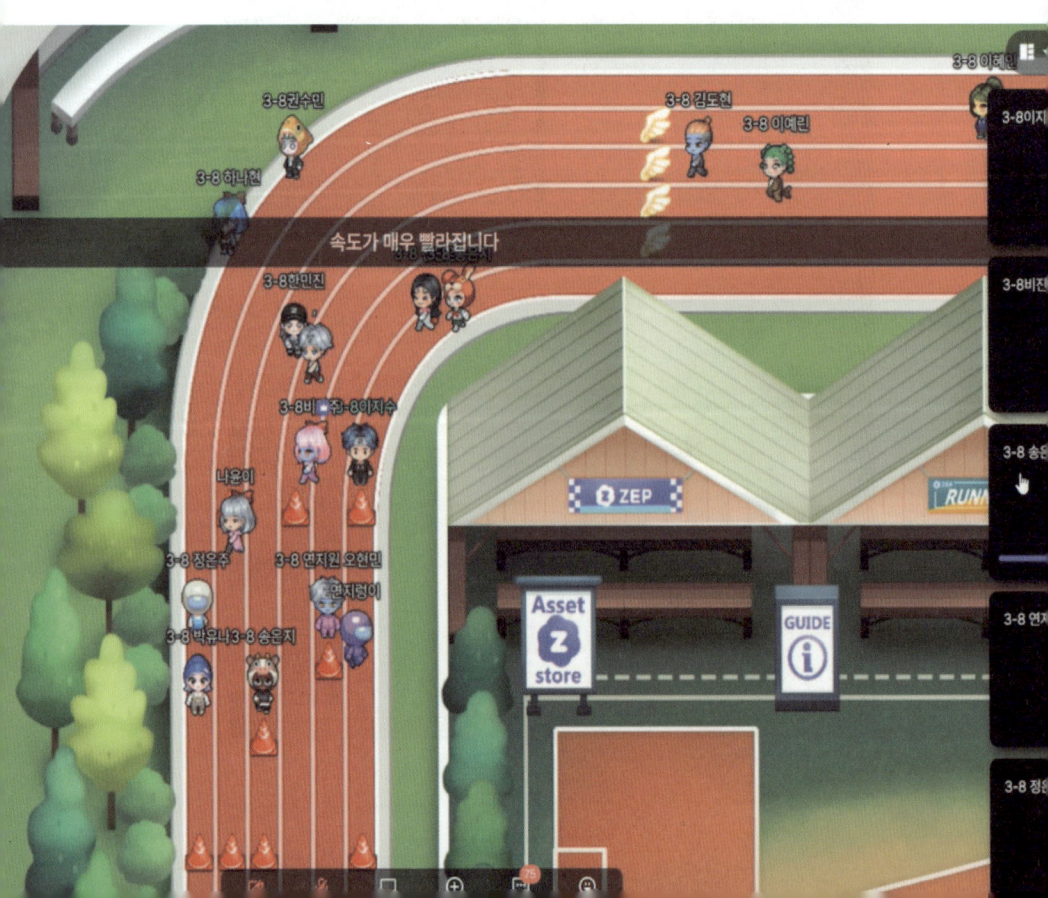

또한 요즘 학생들은 인증샷 찍는 것을 좋아하니 나름 학교 메타버스 '본관' 내에 '메타버스 포토존'을 만들었다. 이 공간을 만들면서 학교 메타버스에서 자신들만의 캐릭터로 학급 사진전을 개최해봐도 재미있겠다는 생각을 하였다.

학교 메타버스의 본관에 설치된 메타버스 포토존

최종 완성된 학교 메타버스

이 외에도 학교의 각각의 건물과 교실을 학교 메타버스에 구현하기 위해 다양한 공간을 마련하였고 총 18개의 맵이 만들어졌다. 여기서 일신여고 기본 메인 공간, 본관, 선교기념관 등 주요 건물은 직접 맵을 제작하면서 건물의 특징을 살려서 학생들에게 실제감을 주고자 노력하였다. 하지만 모든 공간을 실제감을 주고자 맵을 제작하기에는 물리적인 한계가 있었고 그런 섬세한 부분은 추후 학생들과 함께, 또는 뛰어난 재능이 있는 학생이 혜성처럼 등장하여 학교의 주인인 학생들이 만들었으면 하는 마음에서 '젭(ZEP)'에서 기본적으로 제공하는 맵도 일부분 사용하였다. 최종적으로 완성된 일신여고 메타버스 전경은 다음과 같다.

일신여고 전경 메인 화면, 일신여고 메타버스에 접속하면 이 곳에서부터 시작된다.

일신여고 메타버스는 앞에서 소개한 공간을 포함하여 총 18개의 다음과 같은 공간들이 있다.

종교실, 수학과 교무실, 예능관(예술+미술 수업 교과실), 스터디룸, 본관, 도서관, 교과별 동아리실, 달리기 트랙, 놀이터, 선교기념관, 매점, 학사(기숙사), 학교 밖, 수학교과실, 대표 교실, 풋살장, 쉼터, 일신여고 메인 화면

메타버스를 활용한
수학교육 프로젝트

3장. 메타버스를 활용한 수학교육 프로젝트

(1) 메타버스에서 이루어지는 만남

교장, 교감 선생님과 학생들과의 만남

　메타버스를 활용해 수학과 학생 사이의 접점을 넓히는 과정에서 교사 뿐만 아니라 학교 관리자(교장, 교감) 또한 많은 관심을 기울이고 있다는 것을 학생들에게 알려주고 싶었다. 교장, 교감 선생님의 경우 학생들과 직접적으로 부딪히지 않는 곳에 계시다보니 학생들은 교장, 교감 선생님이 자신들에게 얼마나 관심을 가지고 있고, 얼마나 자신들을 응원하고 있는지를 모르는 것이 아쉬웠기 때문이다. 그래서 학생들에게 담임과 교과 교사 뿐만 아니라 교장, 교감 선생님도 우리 학생들에게 많은 관심과 사랑을 가지고 있다는 것을 알려주고 싶은 마음에 학교 관리자에게 찾아가서 학생들의 수학 학습을 격려하고 응원하는 영상 촬영을 부탁드렸다. 그리고 실제 본관 1층에 있는 교장실에 학교 관리자(교장, 교감) 오브젝트를 설치하여 오브젝트 실행시 학생들을 향한 학교 관리자의 응원과 격려 메시지를 볼 수 있도록 하였다.

교장선생님의 응원 영상을 볼 수 있는 오브젝트

　영상 촬영을 준비하고 교장 선생님께 찾아갔더니 별도의 준비 과정 없이 바로 영상을 찍어 주셨다. 그리고 조금의 NG도 없이 학생들에게 수학에 대한 흥미를 가지고 학업에 최선을 다해줄 것과 학교 메타버스가 수학 학습에 큰 도움이 되기를 희망한다는 메시지를 해주셨는데 평소에도 느꼈지만 영상을 촬영하면서 학생들의 수학 학습에 대한 관심과 실력 향상에 대해 학교 관리자의 관심이 상당히 크다는 것을 느낄 수 있었고, 수학 교사로서 참 감사한 순간이었다. 이 진심이 학생들에게 닿아서 우리 학생들이 수학을 공부하다가 포기하고 싶을 때 한번 더 힘을 낼 수 있는 계기가 되기를 바라는 마음이다.

수학 교사와 학생들과의 만남

먼저 교사 캐릭터 오브젝트를 통해 수학 교사와 학생들과의 만남이 이루어질 수 있도록 하였다. 학생들이 수학을 좋아하고 관심을 가지는 것과 수학 선생님들과의 교류 및 소통에는 어느 정도 상관관계가 있을 것이라 생각하였기 때문이다. 그래서 학생들이 수업에서 만난 수학 교사 뿐만 아니라 학교의 여러 수학 교사들을 알아갈 수 있는 공간을 만들어

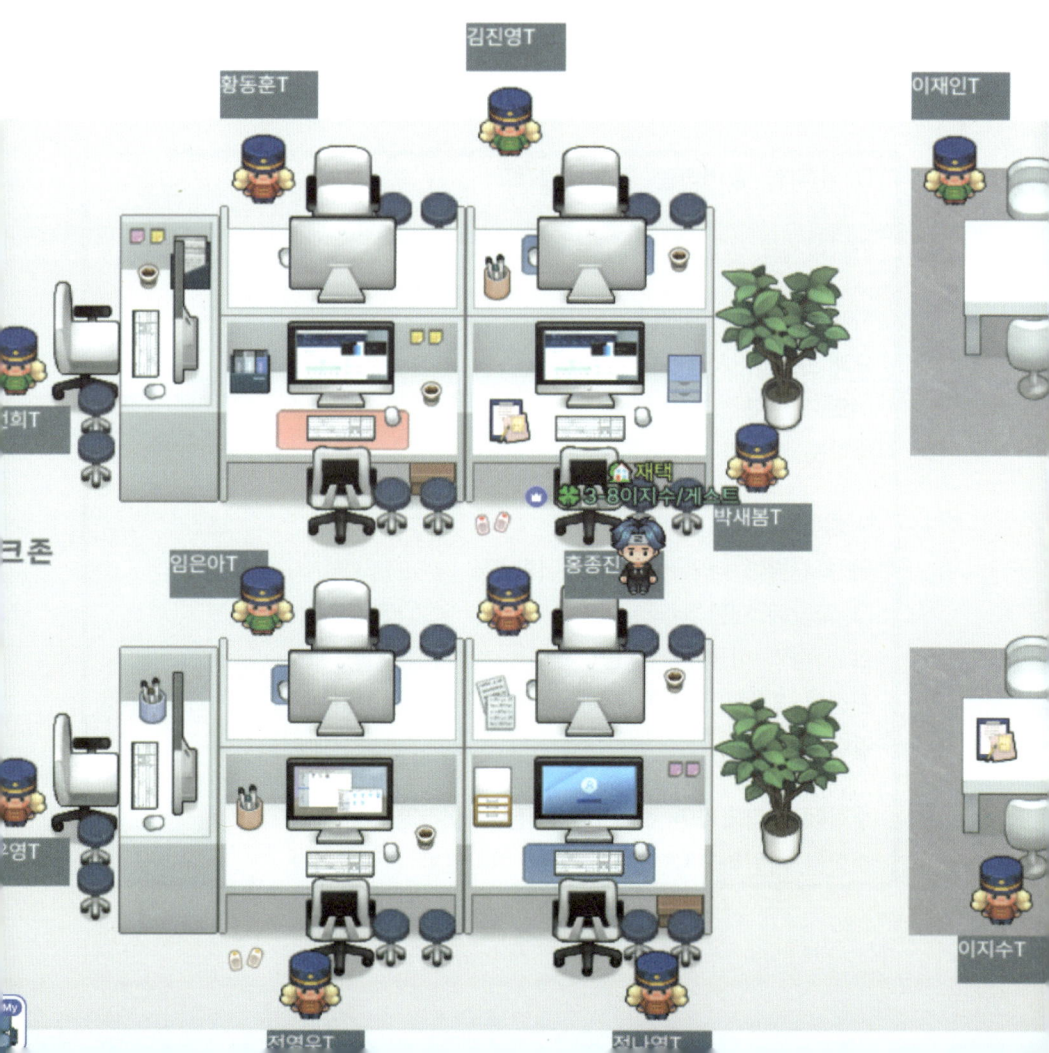

수학과 교무실, 수학 교사 오브젝트

주게 되었다. 학교 메타버스에서 '수학과 교무실' 공간을 만들고, 그곳에 2023학년도에 학교에 계셨던 모든 선생님들을 캐릭터 오브젝트로 그림과 같이 만들었다. 그래서 학생들이 궁금한 선생님 옆에 가면 오브젝트를 실행할 수 있는 창이 나오고, 그 창을 실행하면 어떤 선생님은 수학 공부 방법에 대한 조언을, 어떤 선생님은 수포자가 되고 싶은 친구에게 하고 싶은 말을, 어떤 선생님은 수학 학습 응원 메시지 등이 실행되도록 하였다. 또한 어떤 선생님은 더 적극적으로 자신의 패들렛 주소를 오브젝트에 직접 연결시켜서 수업 자료나 추천 도서 목록 등 교사 자신의 공간에 학생들이 들어올 수 있도록 함으로써 교사와 학생이 쌍방향 서로 소통할 수 있는 만남의 통로가 형성되었다.

예를 들어 이지수T 오브젝트를 실행시키면 아래와 같은 문구가 나온다.

> **TO. 수학을 싫어하는 학생들에게**
>
> 안녕하세요 일신여고 수학 교사 이지수입니다.
>
> 자세히 보아야 예쁘다
> 오래 보아야 사랑스럽다
> 너도 그렇다
> 수학도 그렇다
>
> '사랑'은
> 어떤 사람이 나와 맞는지에 대한 '지'
> 그 사람에 대한 나의 감'정'
> 그 사람의 허물조차 사랑하겠다는 '의'지
> 지정의 3가지 요소가 함께 어우러지며 만들어지는 최고의 가치인 것 같아요
>
> 수학에게 다가가면 수학도 여러분에게 다가옵니다.
> 수학을 사랑하고자 하면 수학도 여러분을 사랑합니다.

이 글을 읽은 한 학생은 이지수 선생님이라는 분은 엄청 진지하고 농담 하나 안할 것으로 생각하고 있었는데 복도에서 지나가면서 보니 의외로 학생들과 농담도 하는 것이 재미있었다고 찾아와서 이야기를 한 학생이 있었다. 그 학생이 직접 찾아와서 이야기를 건네준 것도 참 감사했지만 학교 메타버스의 기능 덕분에 몰랐던 학생과 이렇게라도 한번 더 소통하고 교류할 수 있었다는 사실도 참 감사했다. 한 번씩 학교 메타버스의 수학과 교무실에 들어가 보면 누군지는 모르겠으나 이 선생님, 저 선생님 왔다 갔다 하면서 오브젝트를 실행시키는 모습을 볼 때마다 별 건 아니더라도 수학 교사가 한 마음으로 학생들을 응원하고 있다는 진심이 학생들에게 전해지기를 기대하게 된다.

또한 교과 게시판을 통해 교사와 학생이 서로 만날 수 있었다. 먼저 1년 동안 수학과에 어떤 행사와 프로그램들이 있는지 학생들에게 알려주는 것은 학생들 스스로가 자신의 창의적 체험활동 학생부 기록이나 대회 참여를 계획하는 데에 정보 제공 측면에서 도움이 될 것이라 생각하여 '수학과 행사 이모저모'라는 게시판 오브젝트를 통해 수학 문제집 다풀기 이벤트, 전지적 수학 시점, 수학적 사고와 증명 포럼, 교내 수학 축제, 길거리 문제 해결 챌린지 등 1년의 수학과 행사와 프로그램 계획을 알릴 수 있는 공간을 만들었다. 그리고 해당 행사와 프로그램들에 대해 궁금한 학생은 댓글로 질문을 남기면 담당 교사가 피드백을 제공하는 식으로 교사와 학생의 만남이 이루어졌다. 또한 수학 내 여러 교과별로 '수업 교실 게시판' 오브젝트를 통해 학생들이 교과별 대표 패들렛에 접속하여 교과 관련 정보들을 제공받고, 또 질문할 수 있는 공간을 마련하였다.

수학과 교무실에 설치된 수학과 행사 안내 게시판과 수업 교실
게시판

'수업 교실 게시판'에는 교과별로 학생들이 평가 또는 수학 문제 관련해서 궁금한 사항이 있을 경우 질문할 수 있는 코너를 마련하였다. 그리고 수업 교실 게시판 오브젝트를 실행시키면 교과별 대표 패들렛으로 연결되게 하여 패들렛에서 쌍방향 소통이 이루어질 수 있도록 하였다. 패들렛을 메타버스에 접목시킨 이유는 패들렛의 장점 중 하나인 새로운 글이 업로드 되었을 때 아래와 같이 폰으로 알림을 울려주는 기능이 있기 때문이다. 덕분에 혹여 교사가 퇴근 이후라면 즉각적인 답변이나 피드백은 어렵더라도 교사가 질문에 대한 인지를 할 수 있고 시간이 될 때 또

는 다음날 출근해서 답변해줄 수 있다는 장점이 있었다. 물론 일과 시간 내에 알림이 울리면 즉각적인 답변과 소통도 가능했다.

수학Ⅱ 새로운 게시글 업로드 알림창

길거리 문제 해결 챌린지 새로운 게시글 업로드 알림창

또한 '수업 교실 게시판'에서 교과별 교사들이 팀을 이루어 학생들에게 교과 관련 탐구 주제를 제시한다거나 좋은 도서를 추천하는 등 교사들의 집단 지성을 활용하여 여러 학생에게 교육적으로 의미 있는 활동들을 제시하였고, 이로 인해 학생들의 탐구 및 발표 주제 선택 폭이 넓어졌다는 점, 그리고 수업에 필요한 좋은 영상이나 자료들을 공유하면서 학생은 물론이고 교사 상호간에 배움과 성장이 일어날 수 있었다는 점도 매우 유의미한 점이었다. 학생들은 다음 학기, 다음 학년에 자신이 배울 교과의 수업 게시판을 살펴보며 수학 내용적인 부분과, 평가 및 수업, 그리고 선생님의 스타일 등을 파악하고 관찰할 수 있는 기회를 통해 수학 학습에 대해 조금 더 지각된 통제감을 지니고 안정된 상태에서 수학 학습을 진행하는 모습을 보였다.

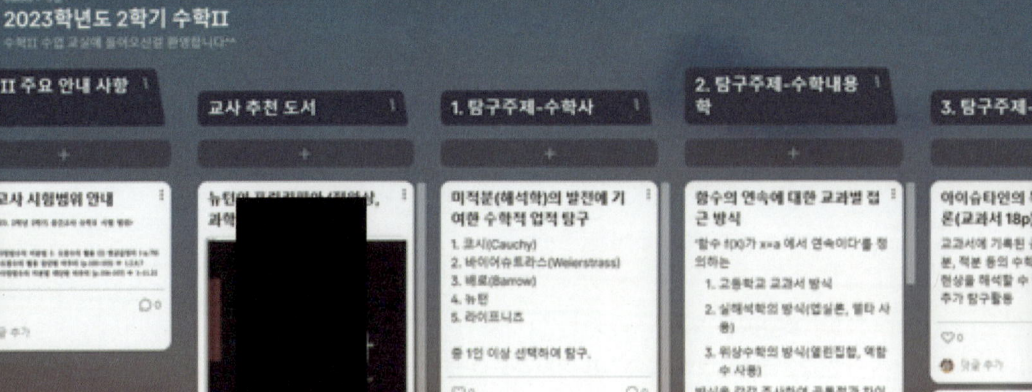

2023학년도 2학기 수학II 팀의 수업 교실 게시판 패들렛 화면

　예를 들어 2학기때 고2 학생들을 수학II라는 교과로 처음 만나면서 첫 수업때 '자기소개 시작' 코너에 각자 자신의 취미, 특기, 수학에 대한 생각, 하고 싶은 말 등을 적게 하였다. 그리고 본래 계획은 매 수업마다 학생 한 명의 자기소개를 보고 학급 친구들과 함께 해당 학생의 장점을 칭찬해주며 수업을 시작하려고 하였다. 아쉽게도 고3 학생들 수시 원서 상담으로 심적 여유가 없어지면서 이러한 수업 열기 활동은 중간고사가 끝난 이후부터 시작되었지만 생각보다 학생들의 반응도 좋았고, 서로 댓글을 남기고 댓글을 보면서 이야기를 이어 나가는 것도 수업을 여는 상황에서 학생들의 주의 집중을 이끌어 내기에는 아주 좋은 소재였다. 또한 고2 학급의 학생 중 한 명은 필즈상을 받은 허준이 교수의 서울대 졸업식 축사에서 자신에게 친절하라는 메시지 영상을 보면서 칼같이 예리할 것만 같은 수학자가 자신에게 친절하라는 메시지를 던지는 게 감동이었다면서 패들렛을 통해 학급 친구들에게 공유하였고, 이 계기를 시작으

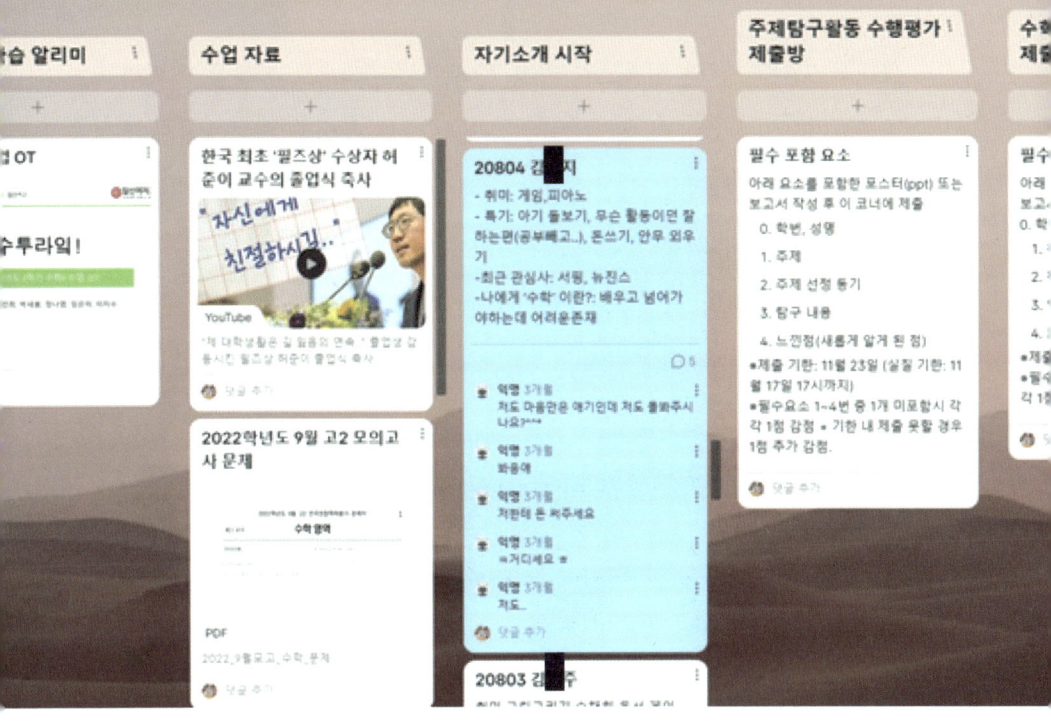

수업 교실 게시판 내에서 개별 교사의 학급별 게시판에 들어가면
같이 수업 듣는 학급끼리의 게시판이 별도로 구성되어 있다.

로 각자 수학적으로 의미 있는 영상을 찾으면 패들렛에 공유하여 친구들도 수학적으로 다양한 소재를 확인하고 관심 주제도 찾아갈 수 있도록 서로의 수학적 성장을 돕는 관계로 발전할 수 있었다.

학생과 학생들과의 만남

대부분의 교육활동이 의미 있게 진행되기 위해서는 활동의 주도권이 학생에게 잘 넘겨져야 하고 학생이 스스로 활동 내용들을 구성하고 시행착오를 겪으며 성장하는 성장통이 필요하다. 학교 메타버스도 메타버스 내에서 이루어지는 활동이 교사의 주도로만 이어지는 것을 경계하고자 하였다. 그렇게 되면 학생들은 계속 손님의 입장으로 참여만 하면서 결국에는 교육적 효과보다 신기한 경험에 그칠 것을 우려하였기 때문이다.

그래서 교사가 전혀 신경쓰지 않고 학생이 주도적으로 활동을 기획하고 진행하면서 마무리까지 할 수 있는 과제를 수학 동아리 친구들에게 생각해볼 것을 제안하였다. 제안하면서 수학 동아리 친구들과 함께 고민하다가 '길거리 문제 해결 챌린지'를 통해 수학 동아리 학생들이 문제를 올리고, 다른 전교의 학생들은 해당 문제 풀이법을 업로드하여 올바른 풀이 업로드 횟수에 따라 상품을 지급하는 행사를 계획하게 되었다.

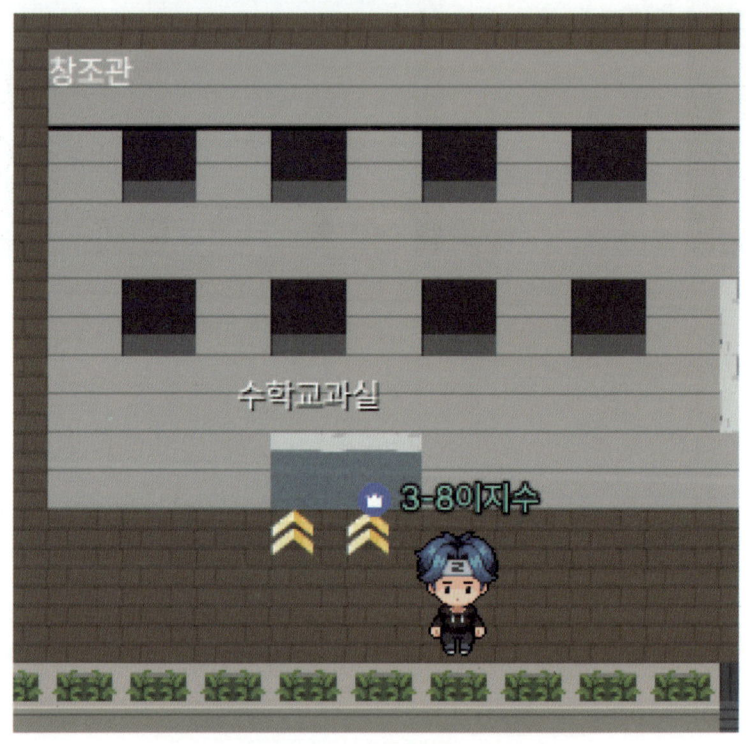

메타버스에서 창조관의 '수학교과실'에 들어가면
'길거리 문제 해결 챌린지' 게시판을 확인할 수 있다.

메타버스 수학교과실에 있는 '길거리 문제 해결 챌린지 게시판'

길거리 문제 해결 챌린지 화면, 오로지 학생들끼리 진행된 멋진 프로그램이었다.

결과는 생각했던 것보다 더 좋았다. 여러 학생들이 참여해 주었고, 학생들의 답이 맞는지 틀린 지도 학생들 서로가 피드백을 주고, 또 자신의 오류를 수정하여 다시 제출하는 과정에서 학생들의 주도적인 활동으로 진정한 수학 활동이 이루어지고 있음을 관찰할 수 있었다. 한 고1 학생은 교사가 봐도 복잡한 합성함수 문제를 몇 번이고 틀리면서도 계속 도전하는 모습을 보여주어서 수학 교사로서 그 학생의 도전정신에 감동받기도 하였다. (결국 특별 MVP로 선정되어 푸짐한 상품을 받아간 것으로 기억한다.) 특히 교내 수학 축제 기간에는 개인이 아닌 '학급' 단위로 시상하겠다고 하여 여러 학급에서 도전적으로 문제를 해결하는 모습을 보여주기도 하였다.

또한 학교 메타버스에 있는 양관, 민노아 선교사 기념비 등을 소개하는 영상은 인터넷과 영상 공유 플랫폼에 이미 충분히 있었지만 일신여고 학생이 직접 소개하는 영상은 찾기가 힘들었다. 우리 학교인 만큼 우리 학생들의 힘으로 학교를 소개하는 영상을 제작해보면 어떨까 싶어서 수학 축제 TF팀과 선교부 친구들에게 부탁을 하였고 감사하게도 학생의 관점에서 재미있는 영상을 제작하여 학생이 학생에게 학교를 소개하는 시간을 가지기도 하였다.

(2) 메타버스에서 이루어지는 수업

메타버스가 교육 분야의 관심을 받았던 것은 무엇보다도 수업 활용 측면이었다. 그래서 학교 메타버스라는 공간을 만들었고, 그 안에서 수업 관련 게시판들을 활용하여 여러 수학 선생님들이 수업에 메타버스를 활용해주고 계셨지만 학교 메타버스는 주로 수학과 행사 및 프로그램 진행에서 메타버스답게 사용되었고, 수업은 메타버스보다는 패들렛을 활용하는 측면에 무게중심이 쏠려 있었다. 이 점이 조금 아쉬웠지만 메타버스를 활용해 수업을 진행할 수 있는 기회가 찾아 왔다. 일신여고에서 진행하는 '주제가 있는 교과토론'에서 '수학으로 보고, 읽고, 느끼는 문화재'라는 주제로 수업 개설을 신청했었는데 몇몇 학생들이 신청해주어 수업이 개설된 것이다.

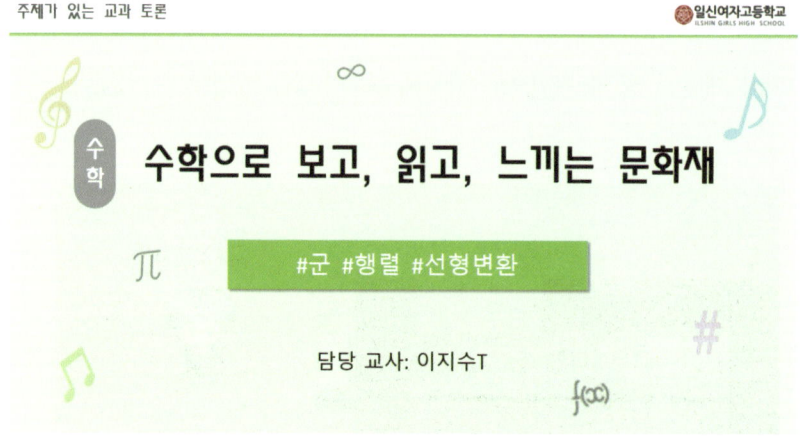

메타버스 활용 수업의 ppt 첫 장면

처음에는 이 수업을 학교 메타버스와 접목시킬 생각은 하지 못했다. 하지만 문화재 문양을 대칭성, 평행이동, 회전이동 등의 관점에서 분석하고 이러한 연산에 의해 하나의 군이 형성된다는 것을 목표로 하는 수업에서 학생들에게 실제 문화재를 보면서 분석(실제 수업에서는 '분석'이라는 말보다 '감상'이라는 말을 사용하였다.) 해보는 경험을 제공하고 싶었고, 이 과정에서 일신여고는 학교 안에 문화재를 지니고 있다는 것이 생각났다. 그래서 실제 문화재를 직접 찾아가서 사진을 찍고 문양을 분석하는 것도 매우 의미 있는 일이지만 미리 일신여고 문화재인 양관의 사진을 찍어 놓고 학교 메타버스에 업로드를 하여 학생들이 메타버스 내에서 돌아다니면서 교내 양관에 가서 양관의 실제 사진을 보고, 문화재를 수학적으로 분석하는 활동을 하게 된다면 의미 있는 메타버스 활용 수업이 진행될 수 있을 것이라 생각하였다. 더 나아가 메타버스 내에서는 지역 내 다른 문화재들도 얼마든지 다룰 수 있기 때문에 공인된 사이트에서 청주 지역의 문화재 사진을 받아서 메타버스에 탑재 후 학생들과 교내 문화재 뿐만 아니라 청주 지역의 다양한 문화재를 수학적 개념인 '군'의 관점으로 감상해보는 수업을 진행할 수 있었다.

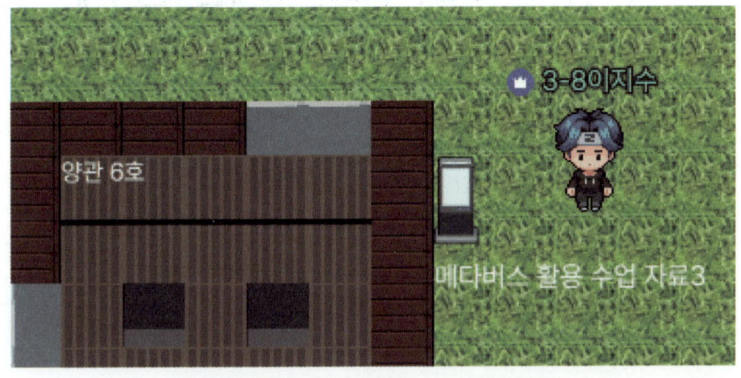

학교 메타버스에서 교내 문화재에 가면, 직접 가지 않고도 해당 문화재로부터 수업에 필요한 자료를 확인할 수 있다.

위의 메타버스 활용 수업 자료 3 오브젝트를 실행하면 열리는
수업 자료 사진

학생의 수업 참여 모습

처음에는 의도하지 않았지만 메타버스를 활용해서 수업을 전개할 만한 주제를 잡게 되어 메타버스를 수업에 의미있게 활용해보니 왜 교육계

에서 메타버스에 주목하고자 하는지 그 의미를 알 수 있었다. 물론, 메타버스가 교육계에 산적한 다양한 문제를 깔끔하게 해결해준다는 의미는 아니다. 다만, 준비된 자료가 제시되는 기존 수업과 달리 학생이 메타버스 내에서 궁금한 곳을 직접 찾아가서 자신의 호기심과 의지로 학습을 전개할 수 있다는 점이 매우 매력적이었고 그만큼 학생들의 수업 관심도와 흥미도 지속적으로 높은 수준을 보였다. 또한 '주제가 있는 교과토론' 수업이 저녁에 있어서 밖이 어둡다 보니 문화재를 직접 보지 못하고 교사가 준비한 자료만 봐야 되는 입장이었는데 교사가 낮에 미리 찍어둔 사진을 활용해서 직접 찾아다니며 수업 자료를 수집하고, 수집된 자료를 바로 분석하여 결과물을 발표한다는 점에서 시·공을 초월할 수 있다는 메타버스의 장점이 수업 활용에 큰 장점이 될 수 있겠다는 것을 몸소 체험할 수 있었다.

또한 수학교육에서 공학 도구 활용이 점차 강조된다는 사실로부터 도형을 다루는 '기하' 과목과 함수의 그래프를 다루는 '수학II, 미적분' 그리고 데이터를 분석하는 '확률과 통계' 수업에서는 학생들에게 공학 도구를 활용하는 기회를 적극 제공하기 위해, 수학과 교무실에 대표적인 공학도구 수업 프로그램을 오브젝트로 연결시켰다. 그래서 지오지브라, 알지오매쓰, 데스모스(Desmos) 그래프 계산기의 경우 해당 프로그램이 바로 열릴 수 있는 오브젝트를 설치하여 학생들에게 수학교육용 공학 도구로 이러한 것들이 있으며 각각의 프로그램에 익숙해질 수 있는 기회를 제공하였고 실제 수업에서 활용하면서 수학 보고서나 포스터 제작시 기하 도형이나 그래프를 더 실제적으로 그리는 방법에 대해서도 알려주는 시간을 가질 수 있었다. 또한 데스모스(Desmos)의 경우 교사가 사전에 수업 순서에 맞게 대시 보드를 작성하고 학급별로 대시 보드 주소를 패들렛에 올리면 해당 학급 학생들이 자기 수업에 맞는 대시 보드에 접속하여 함께 수업을 진행하였고 구글 스프레드시트의 경우 교사가 인터넷에서 임의의 데이터를 가져와서 해당 데이터의 평균과 분산, 표준편차 및 변인별 상관관계를 분석하는 시범을 보이면 학생들도 자신의 관심 주제에 대한 데이터를 '국가통계포털(KOSIS)'에서 다운로드 받아서 자신의 시트를 만들고 다양한 수치의 평균, 분산, 표준편차 등을 찾는 과정을 코딩하는 연습을 하는 수업을 전개하였다. 또한 변인별 통계적 분석이나 통계 그래프가 필요한 경우 '통그라미' 프로그램을 활용하는 방법에 대해 안내하였고 통계포스터를 작성하는 확률과통계 수행평가와 매년 여름에 진행되는 '전국통계활용대회'에 참여하는 학생들이 통계 그래프를 능숙하게 그려내는데에 큰 한 몫을 할 수 있었다.

수학과 교무실에 들어가면 여러 가지 수학교육용 공학 도구를 접할 수 있는 교실이 있다.

    메타버스를 활용한 수업 전개를 위해 다양한 수학교육용 공학 도구를 한 자리에 모은 것은 한 공간 안에서 다양한 프로그램을 경험하는 것도 메타버스의 특징 중 하나라고 생각했기 때문이다. 예를 들어 확률과 통계 수업을 듣는 학생은 1차시 수업으로 '데스모스 대시 보드' 오브젝트를 실행시키고 자신의 수업에 들어가서 평균과 분산, 표준편차를 계산하는 수업을 듣는다. 이후 '국가통계포털(KOSIS)'에 들어가서 자신의 관심 주제에 해당하는 통계 자료를 다운 받고 '스프레드시트'에서 변인별 평균과 분산, 표준편차를 찾는 식을 세우고 이 식을 통해 계산값을 찾는다. 2차시 수업에서는 1차시에 다루었던 자료들 중 자신의 관심 요인의 데이터를 통그라미에 입력하고 데이터의 통계 분석 값과 다양한 통계 그래프를 작성해본다. 3, 4차시에는 개인 또는 팀별로 파워포인트를 활용하여 통계 포스터를 작성하고 결과물을 확률과통계 수업 교실 패들렛에 공유하고 마지막 5차시 수업에는 해당 내용을 발표하는 수업을 진행하였다.

또한 다양한 공학 도구 활용 능력과 데이터 검색 능력을 갖추었다고 판단하여 확률과통계 기말고사 시험이 끝난 이후 수업에 여유가 있을 때 학생들과 수학을 기반으로 토론을 하는 수업을 계획하였다. 그래서 학생들에게 아무 수업 자료도 제공하지 않고 수업을 시작하자마자 수시와 정시 중 어떤 전형이 대입 공정성 확보에 더 기여하는지 자신의 생각을 '통계자료를 찾고 이를 해석하여 근거로 제시'하는 토론 수업을 진행해 볼 것을 제안하였고 학생들은 비슷한 생각을 가진 친구들끼리 삼삼오오 모여서 자신들의 견해와 그에 따른 통계적 논리를 패들렛에 업로드하였다. 이때도 학생들은 여러 매체를 활용하여 데이터를 수집하고 자신들의 견해와 논리를 능숙하게 만들어가는 모습을 보였고 통계그래프가 필요한 경우 통그라미나 엑셀을 활용하여 손쉽게 나타내며 상대방을 설득하는 데에 데이터를 시각적으로 의미 있게 나타내는 것을 보며 수학 교사로서 뿌듯함을 느낄 수 있었다.

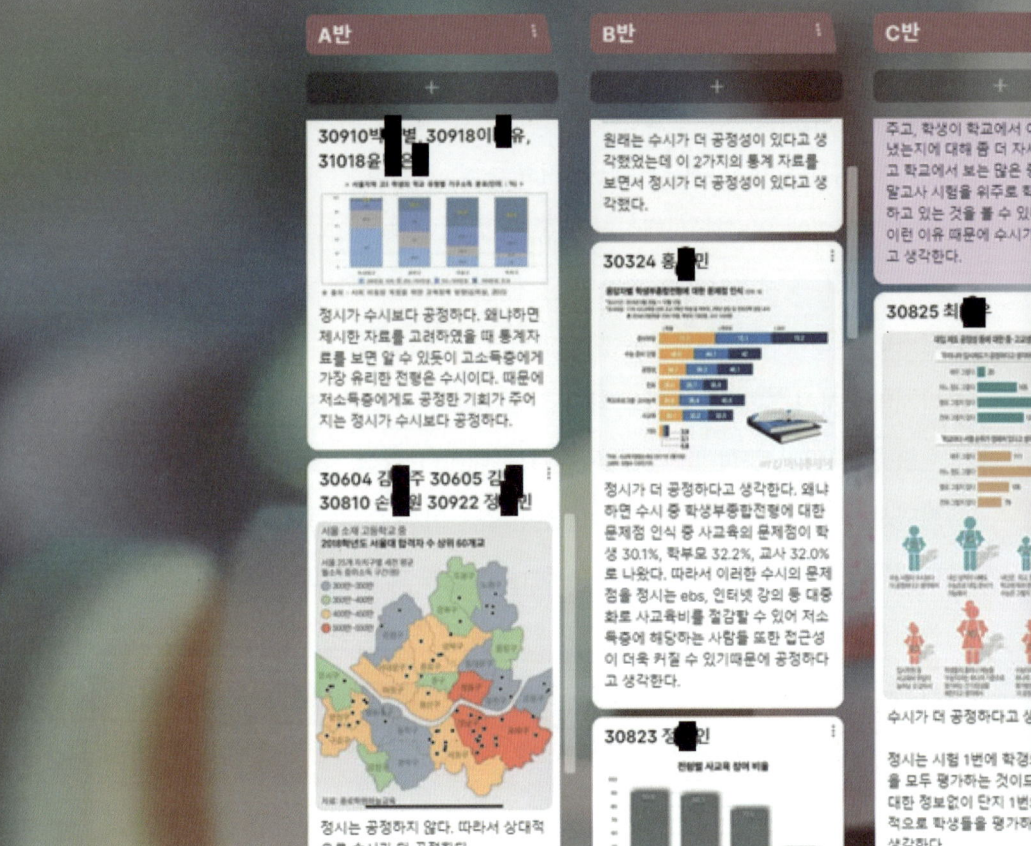

수시vs정시: 대입 공정성 확보에 더 기여하는 전형은? 이라는 주제로 열린 토론 수업

또한 데스모스(DESMOS)는 프로그램 자체에 메타버스의 장점이 녹아 들어 있다. 학생들은 각자의 자신에게 할당된 수업 대시 보드에서 문제를 해결하고 필기를 하는 등 자신만의 노트처럼 대시보드를 활용하게 되는데 교사는 노트북 화면 하나에서 이 학생, 저 학생의 대시보드 기록 상태를 실시간으로 확인하고 피드백을 제공할 수 있다. 또한 시간이 지난 후에도 대시 보드 기록은 지워지지 않기 때문에 시·공을 초월하여 개별 학생에게 피드백을 제공할 수 있다는 장점이 있다. 물론, 데스모스(DESMOS)로 수업을 운영하기 위해서는 수업 전개 순서에 따라 대시보드를 교사가 일일이 만들어야 하는 수고로움이 있다. (그래서 이전에

근무했던 충남삼성고에서는 동일 교과를 가르치는 교사들끼리 한 주씩 담당하여 데스모스(DESMOS)의 대시 보드를 만들고 그 대시 보드를 교사에게 공유하면, 대시보드를 공유 받은 교사가 자신의 학생들에게 공유하는 방식으로 역할 분담을 하여 한 학기 내내 데스모스(DESMOS)를 활용해 수업을 전개하기도 하였다.) 하지만 데스모스(DESMOS)의 장점은 학생의 기록을 한 눈에 실시간으로 관찰하면서 아무 기록이 생기지 않는 학생을 직접 부르고 수업에 어느 정도까지 이해하면서 참여하고 있는지 확인할 수 있다는 점, 그래서 수업 시간에 학생들에게 어느 정도 필요한 교수학적 계약의 수행 부담을 요구할 수 있고 수업에 끌어 들일 수 있다는 점, 그리고 다른 학생의 문제 풀이도 볼 수 있어서 필요한 경우 수업 시간 내에서나 수업이 끝난 이후 언제라도 해당 시간의 대시보드에 접속하여 학업적인 도움을 받을 수 있다는 점 등이 있다.

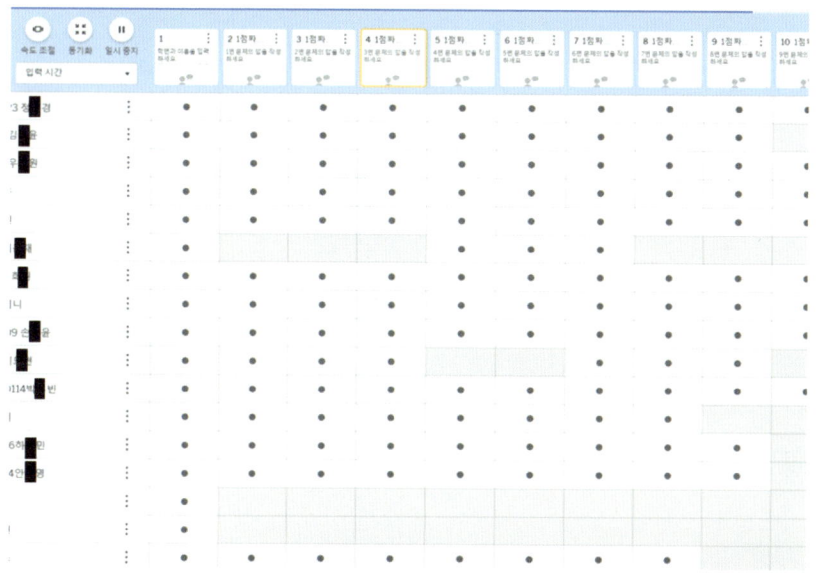

데스모스(DESMOS)를 활용하여 수학 퀴즈 수행평가를 실시하는 장면.
자동 채점 기능을 활용하여 학생이 평가를 마치면 즉각적으로 결과 확인이
가능하고 원하는 학생의 경우 재도전의 기회를 지속적으로 부여하면서 진행됨

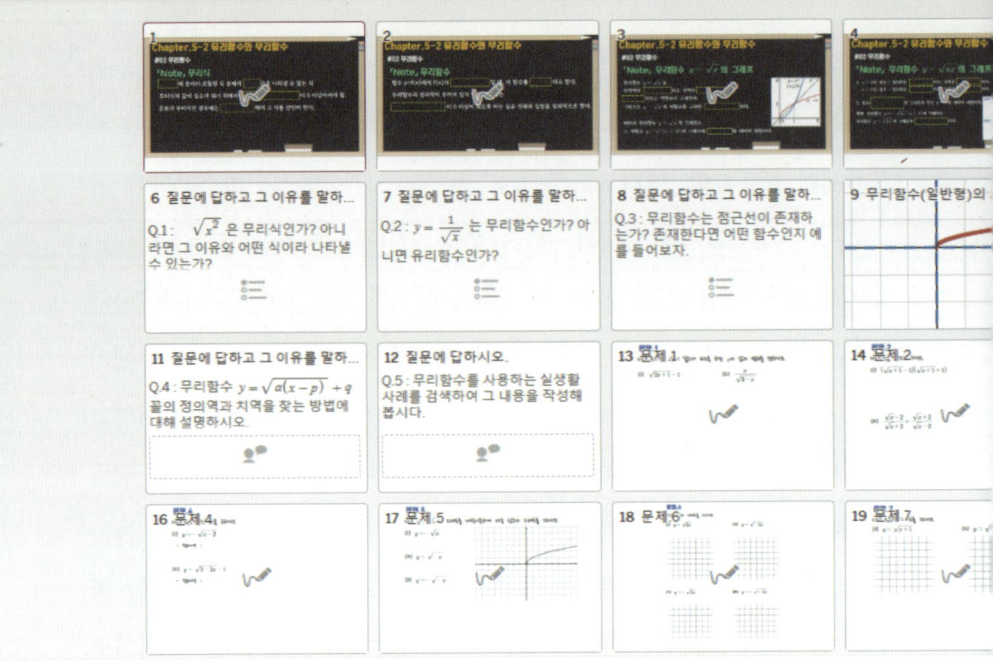

고1 데스모스(DESMOS) 활용 수업 중 한 차시에 해당하는 대시 보드

(3) 전국 학교 간 온라인 수학 체험전

학교 메타버스를 만들면서 메타버스의 대표적인 특징이 시간과 공간을 초월하여 사람들과 소통할 수 있다는 것이라면 기왕 학교 메타버스를 만든 김에 이러한 특징을 교사와 학생이 모두 경험해보는 것도 유의미하겠다는 생각을 하였다. 그래서 시간과 공간을 초월하여 사람을 만날 수 있는 메타버스를 재학생 대상으로만 활용하는 것은 조금 아쉽다는 생각을 하여서 졸업생까지 유인할 수 있는 학교 메타버스를 만들어야겠다고 생각하게 되었다. 하지만 졸업생을 학교 메타버스로 끌어들이는 것은 사실 쉬운 일이 아니었고 졸업한 친구들이 굳이 애써서 학교 메타버스에 찾아 온다고 하더라도 재학생들과 소통하기보다는 메타버스를 둘러만 보고 나갈 확률이 매우 높아 보였다. 그래서 일신여고와 관계된 학생들만으로는 메타버스의 큰 장점을 경험하기에 충분하지 않다고 생각하였고 결국 시야를 일신여고 밖으로 돌리기 시작하였다. 처음에는 청주 및 충북 지역 학교와 어떤 활동을 해볼 수 있을까 생각했다가 굳이 공간을 초월할 수 있는데 지역을 충북 내로 한정할 필요도 없겠다고 생각하였고 결국 전국에 있는 초,중,고등학교 학생들과 메타버스에서 소통할 수 있다면 일신여고 학생들뿐만 아니라 다른 학교 학생들도 메타버스의 대표적인 특징을 경험할 수 있는 좋은 기회가 되겠다고 생각하였다.

그래서 전국에 있는 초,중,고등학생을 일신여고 메타버스로 어떻게 초청할 수 있을지에 대해 고민하게 되었고, 초청을 위해서는 일신여고 메타버스에 매력적인 콘텐츠가 있어야 하는데 그 콘텐츠를 수학으로 어떻게 만들 수 있을까를 생각하니 방향은 하나밖에 생각나지 않았다. 전국 초,중,고등학교를 대상으로 '온라인 수학 체험전'을 실시하는 것이었다.

일단 전국 대상 '온라인 수학 체험전'으로 방향은 잡았지만 이 모든 생각은 학교 메타버스가 만들어진 후도 아니고 만들어지고 있는 과정에서 생각한 것이었기 때문에 구체적인 방법과 시기 등은 모호한 상태로 남아 있었다. 또한 전국 학교 학생들을 초청하려면 수학 체험 부스 영상도 1~2개가 아니라 적어도 7개 이상은 있어서 메타버스에 들어온 학생들이 골라 보는 재미도 있어야 하는데 양질의 수학 체험 콘텐츠를 만들 수 있는 여력이 우리 학교에 있을지도 의문이었다. 하지만 진행하는 일의 과정과 결과가 복잡해 보여서 시도하지 않는 것보다는 학생들이랑 일단 시도를 해서 실패하면 실패하는대로 의미 있게 배우고 또 학생부 기록으로 남기고, 무엇보다도 학생들이 메타버스가 무엇이며 어떤 특징들을 가지고 있는지를 알게 되는 것만으로도 교육적 의미가 있을 것이라 생각하였다. 또한 생각보다 온라인 수학 체험전이 흥행이 된다면 여러 학생들이 메타버스라는 것을 경험하는 좋은 기회가 될 것이고 교육청을 거치지 않고 학교와 학교가 '수학'이라는 교과를 매개로 문화를 교류할 수 있다는 것도 매력적인 경험이라 생각하였다. 이로 인해 메타버스를 처음 제작할 때만 해도 메타버스를 활용하여 일신여고 학생들에게 가치 있고 계속적인 성장이 있는 경험을 제공하겠다는 목표로 제작을 시작했는데, 제작하는 과정에서 2023학년도 학교 메타버스의 최종 목표를 성공적인 '전국 학교 간 온라인 수학 체험전' 진행으로 설정하게 되었다.

전국 학교 간 온라인 수학 체험전 준비 1단계 – 수학에 대한 긍정적인 학교 문화 조성

2022학년도를 마무리하며 수학 교사로서 아쉬운 점이 있었다면 수학으로 다양하고 의미 있는 활동 없이 수능이라는 목표만을 바라보고 고3 학생들과 함께 달려왔다는 점이었다. 그래서 2023학년도에는 학생들과 수학으로 조금 놀고 싶고, 학생들이 수학에게 친근하게 다가갈 수 있는 계기를 만들어 주고 싶었으며, 다양한 수학 활동 경험을 제공하여 학생들의 수학에 대한 긍정적인 인식을 높이고 싶은 마음을 가지게 되었다. 학교 메타버스를 제작하게 된 이유도 이러한 마음이 가장 크게 작용했다고 볼 수 있다.

학교 메타버스를 활용하여 교내 수업과 행사 뿐만 아니라 전국 초,중,고등학교 학생들을 대상으로 '전국 학교 간 온라인 수학 체험전' 진행을 위해서는 그에 맞는 학교의 수학적 역량과 수학 교과에 대한 학생들의 긍정적인 문화(수학에 대한 관심과 가치 인식, 수학과 행사 참여, 수학 결과물의 질적인 성장 등)가 요구되었다. 그래서 2023학년도에는 수학과에서 할 수 있는 다양한 프로그램을 적극 기획하고 진행하여 학교 수학 문화를 한층 향상시키고 학생들의 수학에 대한 긍정적인 학교 문화 조성에 힘써야겠다고 생각하였다. 그리고 이를 위해 현실적으로 필요한 것은 역시 예산이었다. 그래서 2023학년도가 시작하기 전, 그리고 시작하고 나서도 한동안은 충북교육청 및 충북 자연과학교육원에서 오는 공문은 모두 찾아 보며 수학과 예산으로 사용할 수 있는 대부분의 프로그램들은 모두 다 지원했던 것 같다. 그렇게 확보된 예산으로 2023학년도를 시작하며 여러 수학 선생님들과 함께 수학과 프로그램들을 하나둘씩 계획하여 진행하게 되었다.

2023학년도에 가장 먼저 공지된 수학과 프로그램은 '수학 문제집 다 풀기' 이벤트이다. 이 이벤트는 학기 시작할 때 전체의 10% 이하만 풀려 있는 수학 문제집을 가져와서 확인 및 이벤트 접수를 하고, 가져가서 한 학기 동안 다 풀어서 담당 교사에게 가지고 오면 선물을 증정하는 이벤트이다.

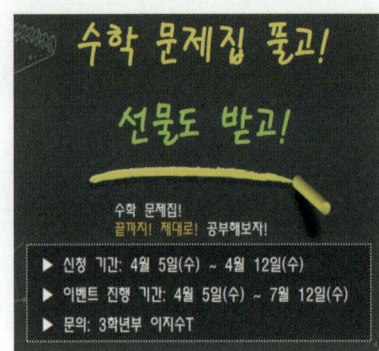
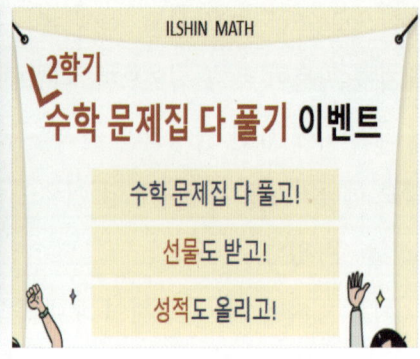

수학 문제집 다 풀기 이벤트
1학기 공지 포스터 중 일부

수학 문제집 다 풀기 이벤트
2학기 공지 포스터 중 일부

　　수학 관련 다양한 활동을 통해 수학을 좋아하는 환경을 조성하는 것도 필요하지만 또 한편으로는 수학적인 학업 역량을 쌓는 것이 고등학생에게 요구되는 수학교육의 큰 목적이기 때문에 학업을 놓치지 말자는 의미에서 가장 먼저 공지하였다. 이 이벤트는 1학기, 2학기 각각 진행되며 여러 학생들이 문제집을 가지고 신청해주었다.

　　그 다음 공지된 수학과 프로그램은 '전지적 수학 시점', '수학적 사고와 증명 포럼'이다. 전지적 수학 시점은 크게 문화예술 부문, 교육 부문, 학습 부문으로 나뉘어 학생들의 진로와 관심 영역을 수학적으로 접근하는 프로그램이다.

전지적 수학 시점 홍보 포스터

∑ 전지적 수학 시점 (대상:고1~고3)

▶문화 예술 부문
1. 수학 디자인
2. 단편 수학 웹툰
3. 단편 수학 소설
4. 수학 시화
5. 수학 도서 팸플릿 제작

▶교육 부문
1. 수학 탐구
2. 수학교육 탐구

▶학습 부문
1. 통계포스터
2. 수학사,수리철학 포스터
3. 자기주도학습 포스터
4. 길거리 문제 챌린지

전지적 수학 시점 프로그램 중에서 '수학 디자인'의 경우 8월 말에 열린 교내 수학 축제에서 '수학 디자인(F.t 레고)'라는 이름으로 개최되었는데 예선을 통해 우수 디자인 팀을 선발하고 축제 기간 중에 계획한 디자인과 비슷하게 레고로 제작하는 프로그램이었다. 학생들은 레고를 활용하여 멋지게 결과물을 만들어주었고 학생들이 만든 작품은 교내 높은 책장의 한 부분에 아래와 같이 전시되었다.

수학 디자인(F.t 레고) 우수 작품 전시물

그 외 나머지 프로그램은 교내 수학 축제 이전에 총 96명의 학생들에게 포스터를 받아서 포스터 중 우수 결과물을 학교 메타버스 및 교내 거리에 전시하여 많은 학생들이 수학의 다양한 가치를 경험할 수 있도록 하였다.

수학적 사고와 증명 포럼도 전지적 수학 시점과 동일한 포스터에 아래와 같이 공지되었다. 다만, 다소 진입 장벽이 낮은 전지적 수학 시점과 다르게 수학적 사고와 증명 포럼은 수학적으로 무거운 내용을 깊이 있게

수학적 사고와 증명 포럼 홍보 포스터

탐구해야 하는 부분이다 보니 고2, 고3 학생 중 16명이 참여해주었다. 하지만 이번에 참여한 학생들의 결과 포스터를 많은 학생들이 보게 되면서 내년, 내후년에는 더 많은 학생들이 참여하여 자신의 수학적 역량을 쌓아갈 것이라 기대하고 있다.

다음과 같이 전지적 수학 시점, 수학적 사고와 증명 포럼 포스터 제출 작품 중 수학 교사 협의를 통해 선정된 우수 작품은 교내 수학 축제 기간 동안 학교 온 거리에 전시되어 일신여고 학생들의 수학적 관심사를 확장하는데에 큰 역할을 해주었다.

수학적 사고와 증명 포럼
-해석학 부문 전시물

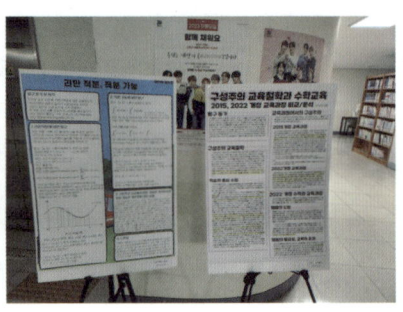

전지적 수학 시점
-수학 탐구, 수학교육 탐구 전시물

전지적 수학 시점의 여러 작품 전시물

전지적 수학 시점-통계포스터 전시물

그리고 '전지적 수학 시점'과 '수학적 사고와 증명 포럼'이 공지된 지 얼마 되지 않아 '루미큐브 대회'를 열게 되었다. 대입에서 '대회'를 반영하지 않으니 학교에서 대부분의 대회가 사라지는 것을 보며 고등학교 교사로써 '대학입시'에 따라 고등학교의 환경이 바뀌는 부분에 대해 아쉬움이 있었다. 그래서 고등학교 교육이 꼭 '대학입시'에 의해 좌지우지되지는 않는다는 것을 스스로 보이고 싶어서 루미큐브 대회와 수학 학력 경진대회를 열어야겠다고 다짐하였는데 그중 하나인 '루미큐브 대회'를 계획하여 진행하게 되었다. '대학입시'에 반영되지 않는 대회이지만 학생들의 참여를 이끌어 내면서도 수학적 사고 신장에 도움이 될 수 있는 방안으로 계획한 대회이다. 감사하게도 많은 학생들이 관심을 가지고 팀을 이루어 신청해 주었고, 학생들이 적절한 숫자 조합을 위해 이리저리 머리를 쓰는 모습을 흥미롭게 지켜볼 수 있었다.

루미큐브 대회 - 대회에서 은상을 받은 '진짜가 나타났다' 팀의 경기 모습

또한 1학기가 끝날 무렵 2학년부에서 '매쓰포럼' 활동을 통해 학생들이 자신의 관심사에 맞는 수학적 주제를 탐구하여 발표하는 시간을 가졌고 3학년부에서는 한 학기 동안 진행하던 '심화주제탐구활동'을 마무리하며 수학 탐구 관련 포스터를 교내에 전시하게 되었다. 그리고 2학기가 시작한 직후 충북 자연과학교육원에서 열린 '충북 수학 축제'에 일신여고 '에프엑스' 동아리가 동아리 발표 대회로 참여하였고, 일신여고 '한사랑 수학 연구회'가 수학 부스 운영으로 참여하여 교내 수학 동아리 학생들의 수학적 역량과 소양을 기를 수 있었다.

충북 수학 축제: 일신여고에서 진행하는 수학 부스에 참여한 학생의 작품

이와 같이 여러 수학과 행사와 프로그램 진행을 통해 학생들이 다양한 수학 문화에 접할 수 있는 환경을 조성하고자 노력하였고 이를 통해 수학에 대한 긍정적인 학교 문화를 조성하고자 했던 목표를 어느 정도

달성할 수 있었다.

전국 학교 간 온라인 수학 체험전 준비 2단계 – 일신 수학 축제

전국의 초.중.고등학교를 대상으로 온라인 수학 체험전을 진행하기 위해서는 교내 학생들, 특히 수학에 관심이 많은 수학 동아리 학생들의 수학 체험전에 대한 기본적인 이해가 필요했다. 그래서 수학 부장 선생님과 협의하여 교내 수학 축제인 '일신 수학 축제(수리야 놀자)'를 기획하게 되었다. 일신 수학 축제는 2023학년도 1학기에 수학과 프로그램이나 수업 활동에 참여하여 제작한 우수한 결과물들을 학교 곳곳에 전시하고 시어핀스키 삼각형, 수학 디자인(F.t레고) 등 다양한 수학 체험 기회를 제공하였으며 무엇보다도 수학 부스의 온라인 운영 방법을 처음으로 시도하게 된 축제이다. 이때 일신 수학 축제는 오로지 일신여고 학생만을 위한 수학 체험전이자 동시에 '전국 학교 간 온라인 수학 체험전'을 준비하는 단계로서의 성격을 지니고 있었다. 그래서 일신 수학 축제 TF팀을 모집하여 부스팀 30명, 경영행정팀 14명, 홍보마케팅팀 3명의 학생들과 함께 일신 수학 축제를 준비하게 되었고 TF팀이 8월 말에 진행되는 일신 수학 축제뿐만 아니라 10월에 전국을 대상으로 온라인 수학 체험전까지 담당할 예정이니 학교에 대한 자긍심을 가지고 일신 수학 축제에 성실히 임해 줄 것과 이 경험을 토대로 전국 학교 간 온라인 수학 체험전이 마무리될 때까지 맡은 역할을 성실히 해줄 것을 부탁하였다. 각각의 팀이 하는 역할은 다음과 같다.

수학 축제 TF팀 역할

부스팀	- 수학 체험 부스 설명 영상 제작 - 각 부스별 담당 경영행정팀원에게 부스 체험 물품 구매 링크 및 체험 물품 키트 구성 방법 공유 - 경영행정팀원 업무 지원
경영행정팀	- 부스별 수학 체험 신청 학생 명단 정리 - 부스별 체험 물품을 신청한 학생에게 체험 물품 키트 전달 - 수학 축제 행정적 지원 - 학교 메타버스내 건물 소개 영상 제작
홍보마케팅팀	- 축제 홍보 포스터 제작 - 축제 홍보 SNS이벤트 진행
담당 교사 ※ 부스팀-김진영 ※ 경영행정-이지수 ※ 홍보마케팅팀-이지수	- 부스별 수학 체험 신청 학생 명단 공유(경영행정팀) - 수학 체험 물품 구매 및 경영행정팀에게 전달 - 행사 총괄

일신 수학 축제는 위와 같은 업무 분장에 의해 진행되었고 전국 학교 간 온라인 수학 체험전도 위와 거의 비슷한 업무 분장으로 일이 진행되었다. 다른 점이라면 체험 물품 키트 전달을 택배로 보내야 하기에 경영행정팀의 담당 교사가 물품을 우체국에 가서 보내는 일이 생겼다는 것이었다. 또한 일신 수학 축제 기간에는 특별히 '길거리 문제 해결 챌린지'를 학급별, 개인별로 시상한다고 홍보하여 많은 학생들의 참여를 유도하였고 수학을 잘하는 학생 뿐만 아니라 수학 실력이 조금 부족한 학생들도 참여할 수 있도록 교과 문제 외에 창의성이 요구되는 문제를 함께 수록하였다. 자신의 풀이가 맞을지 틀릴지도 모르는 상황에서 적극적으로 자신의 풀이를 올리고, 틀렸다는 말에는 다시 재도전하는 등 일신여고

학생들이 수학에 대해 얼마나 관심이 많고 적극적인지를 경험할 수 있어서 개인적으로 참 의미 있는 프로그램 중 하나였다고 생각된다.

일신 수학 축제 기간 동안 학생들의 수학 학업 향상에 도움 되는 수학과 활동을 제공하고 싶어서 적절한 활동이나 행사가 없을지 고민하다가 수학 학습에 일시적으로 도움 되는 것보다 학생 스스로 지속적으로 수학적 성장을 이룰 수 있는 계기를 만들어 주고 싶었다. 그래서 학생들에게 수학 학습의 필요성과 전략 등의 강연을 통해 수학 학습의 동기를 불어 넣어 주고자 함께 '수매씽' 문제집을 집필한 EBSi 수학 강사 구명석 선생님께 학교 방문을 요청드렸다. 감사하게도 바쁘신 와중에 흔쾌히 허락해주셨고 EBSi 수학 강사를 학교로 초청하는 김에 일신여고 학생들

EBSi 수학 대표 강사 초청 강연회 홍보 포스터 중 일부.
'메타버스를 활용한 온라인 수학체험전'도 같이 홍보하는 글을 볼 수 있다.

강연 주제

1부 EBS 수학 강사 구명석   **2부** 강남대성 박성환 소장

고등부 대상 (14시 30분~16시, 총 90분 진행)
- 1부 수학 학습법 및 전략, 고3 수능 수학 마무리 전략
- 2부 고3 정시 & 수시 합격 전략, 고1~2 가고 싶은 대학 & 갈 수 있는 대학

중등부 대상 (16시 30분~17시 30분, 총 60분 진행)
- 1부 수학 학습의 필요성
- 2부 고교 선택 전략

※ 자세한 사항은 [일신여고 홈페이지 → 공지사항] 참조
※ 10~11월 중 메타버스를 활용한 온라인 수학체험전을 준비 중에 있습니다. 관련 사항은 추후 공문 및 일신여고 홈페이지에 업로드 될 예정이오니 많은 관심과 참여 부탁드립니다.

뿐만 아니라 지역 사회에서 수학 학습이나 고입.대입에 관심 많은 학생 및 학부모를 초청하는 강연회를 가지는 것은 어떻겠냐는 교장 선생님의 말씀에 학교가 학교 울타리를 넘어 지역사회를 위해 할 수 있는 일 중 하나라는 생각이 들어서 구명석 선생님과 이야기하여 고등부 부문, 중등부 부문으로 나누어서 강연회를 가지기로 이야기하였다. 그리고 지역 학생들을 초청하기 위해 수학 축제 TF팀 중 홍보마케팅 팀은 EBSi 수학 강사 초청 강연회에 대한 SNS 홍보를 진행하였고 교사는 홍보 포스터를 제작하여 청주 지역의 각 중학교에 포스터를 배부하였다.

EBSi 수학 대표 강사 초청 강연회는 일신 수학 축제가 끝나는 9월 1일에 진행하는 것으로 날짜를 맞추었다. 일신 수학 축제의 끝을 학습 관련 강연회로 마무리 하여 수학 학습에 대한 의지와 동기를 불러 일으켜 주고 싶었기 때문이다. 2주간의 수학 축제 기간 동안 학생들의 수학에 대한 정의적 영역 신장에 학교가 온 노력을 하였다면 고등학생인 만큼

EBSi 수학 대표 강사 구명석 선생님 초청 강연회 장면

마지막은 학생들에게 수학에 대한 인지적 영역의 신장을 통해 두 영역이 조화롭게 성장해야 한다는 것을 간접적으로 말해주고 싶었다. EBSi 수학 대표 강사 초청 강연회 영상 또한 학교 메타버스의 '수학과 교무실'에서 만나볼 수 있도록 오브젝트를 설치하여 누구나 일신여고 메타버스에 들어오면 수학 학습 방법에 대한 조언을 들을 수 있도록 하였다.

EBSi 수학 대표 강사 초청 강연회 영상 오브젝트

전국 학교 간 온라인 수학 체험전 준비 3단계 - 본격적인 준비 시작

일신 수학 축제가 마친 이후 2학기 중간고사 기간이 시작되었고, 중간고사가 끝난 직후 수학 축제 TF팀은 본격적으로 '전국 학교 간 온라인 수학 체험전' 준비를 하게 되었다.

교내 학생 SNS 홍보 이벤트 공지 포스터

    수학 부스팀은 담당 경영행정팀원과 소통하며 일신 수학 축제에서 사용하고 남은 체험 물품 개수를 확인하여 추가 주문이 필요한 물품을 교사에게 공유하였고, 물품 창고로 활용될 수학교과실을 정리하며 체험 물품 신청 시 배송이 원활하게 진행될 수 있도록 철저히 준비를 하였다.

    홍보마케팅팀원도 SNS 홍보 이벤트를 기획하고 상품 및 홍보 공유 글을 준비하였으며 교내 학생들에게 SNS홍보 이벤트를 알릴 포스터를 제작하였다.

    교사는 경영행정팀 친구들이 제작한 학교 건물 소개 영상, 그리고 일신 수학 축제 때 부스팀에서 제작했던 영상들을 학교 메타버스 오브젝트를 활용하여 링크를 연결하였고, 학교 메타버스에 대한 교사와 학생들의 의견을 수렴하여 수정할 부분을 수정하였다. 또한 전국에 보낼 '전국 학교 간 온라인 수학 체험전 참여 방법' 파일을 만들고 전국의 학교 및 시·도교육청에 공문을 발송함으로써 드디어 '전국 학교 간 온라인 수학 체험전'이 다른 학교들에 알려지기 시작하였다.

강당(선교기념관)에서 열리고 있는 온라인 수학 체험전 풍경

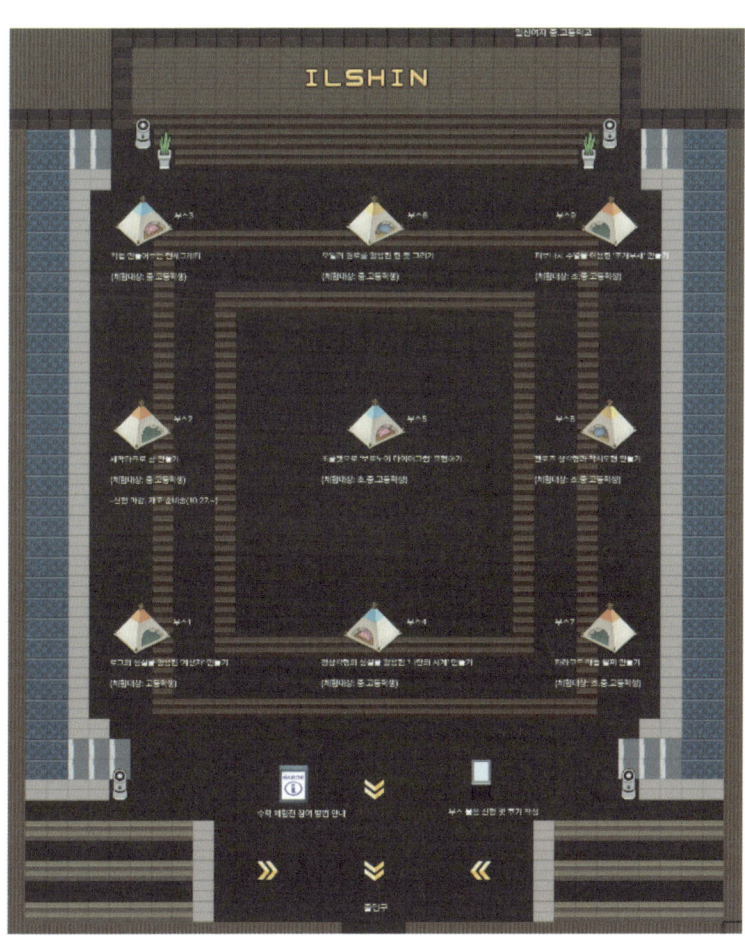

수학체험전은 학교 메타버스의 '강당(선교기념관)'에 그림과 같이 부스를 설치하고 각각의 부스 오브젝트를 체험 부스 영상 링크와 연결하여 부스를 실행하면 해당 부스의 체험 시범 영상이 나올 수 있도록 학교 메타버스를 제작하였다.

그리고 공문으로 안내받은 사항을 숙지하지 않더라도 메타버스에 들어오면 자연스럽게 수학체험전에 어떻게 참여하는지 알 수 있도록 아래 그림과 같이 학교 메타버스 시작점에 '수학체험 부스 길 안내' 오브젝트를 설치하였다.

온라인 수학체험전이 열리고 있는 강당(선교기념관)으로
길을 안내하는 오브젝트

또한 학교 정문에 설치된 '수학체험 부스 길 안내' 오브젝트를 놓쳤거나 실행하지 않더라도 학교 메타버스에 접속하면 직관적으로 강당(선교기념관)으로 이동할 수 있도록 하기 위해 학교 메타버스 시작점부터 바

닥에 '은색 화살표'를 설치하여 자연스럽게 온라인 수학 체험전이 열리고 있는 곳으로 갈 수 있도록 유도하였다.

은색 화살표를 따라 강당(선교기념관)에 들어오면 수학 체험 부스 9개, 수학 체험전 참여 방법을 안내하는 오브젝트 1개, 부스 물품을 신청하고 후기를 작성할 수 있는 오브젝트 1개가 설치되어 있다.

그래서 안내 공문이나 SNS이벤트 글을 읽지 못한채 학교 메타버스에

학교 입구에서 은색 화살표를 따라 오면 온라인 수학 체험전에 참여할 수 있다

들어오더라도 현재 학교 메타버스에서 어떤 일들이 이루어지고 있는지를 직관적으로 알 수 있도록 하였고 수학 체험전 참여 방법 안내 오브젝트 근처에 가면 노랗게 오브젝트가 두꺼워지며 실행하라는 창이 뜨게 함으로써 메타버스에 익숙하지 않은 사람도 자연스럽게 참여할 수 있도록 유도하였다.

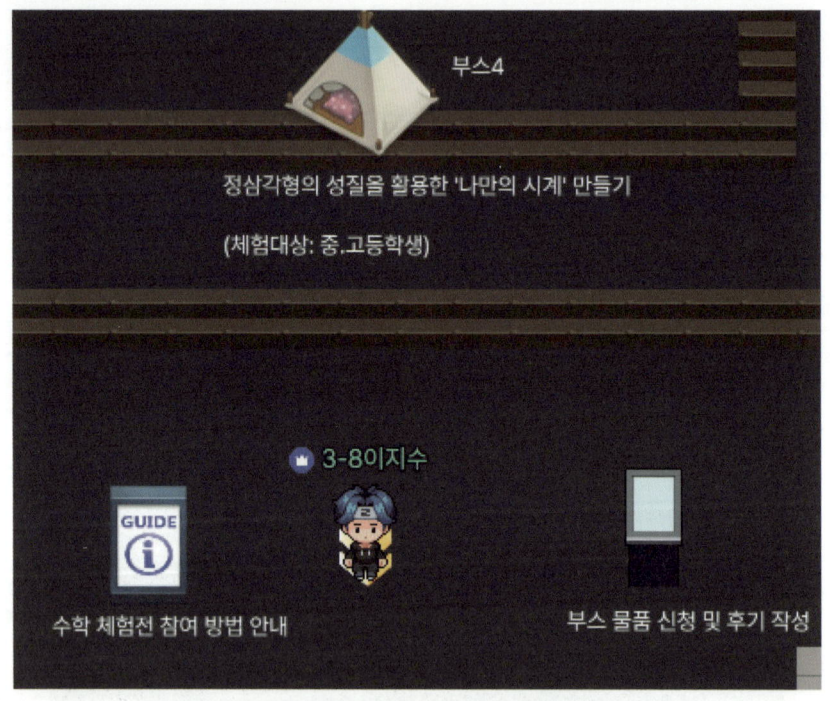

현재 위치에서 왼쪽으로 1칸만 이동하면
'수학 체험전 참여 방법 안내' 오브젝트의 실행 창이 뜨게 되며,
오른쪽으로 2칸만 이동하면 '부스 물품 신청 및 후기 작성' 오브젝트의 실행창이 뜨게 된다.

'수학 체험전 참여 방법 안내' 오브젝트를 실행시키면 구체적인 절차가 아래 그림과 같이 소개되고, '부스 물품 신청 및 후기 작성' 오브젝트를 실행시키면 신청 학교 주소, 체험 물품 신청 종류와 개수, 후기 작성란 등의 구글폼으로 만든 설문지가 실행된다.

일신 수학 축제에서는 체험 물품 신청을 영상의 '댓글'로 받았다. 본래 '전국 학교 간 온라인 수학 체험전'도 체험 물품 신청을 영상의 댓글로 받아서 각 부스를 담당하는 경영행정팀이 담당 부스 영상의 댓글을 보며 수량을 파악하고 물품을 준비하는 과정으로 계획했었는데 일신 수학 축제를 진행하는 과정에서 영상 플랫폼 회사에서 어떤 이유에서인지 몇몇 영상의 댓글 기능을 막으면서 신청 절차가 이원화되는 바람에 경영행정팀에서 고생을 조금 했었다. 이러한 이유로 '전국 학교 간 온라인 수학 체험전'에서는 모든 부스 영상의 댓글 기능을 없애고 댓글 대신 구글폼을 활용하여 설문조사 형식으로 신청을 받을 수 있도록 준비하였다.

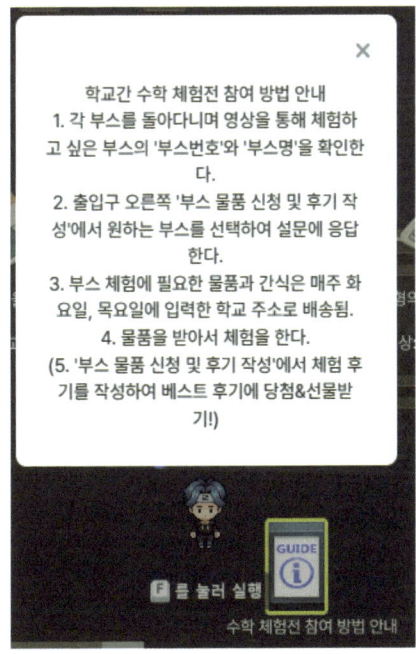

수학 체험전 참여 방법 안내

2023 학교간 온라인 수학 체험전 신청 & 후기 작성

안녕하세요. 일신여고 메타버스에 방문해주셔서 감사드립니다.
체험을 원하시는 부스 번호와 '체험명'을 선택해주시면
매주 화요일, 목요일 오후에 '체험물품+간식'을 택배로 보내드리고 있습니다.

즐겁고 유의미한 시간 보내시길 바랄게요^^

※ 체험 신청은 11월 20일까지 가능하며 이후에는 후기만 작성하실 수 있습니다.
※ 신청은 대표로 한 분이 해주시면 되지만, 후기는 개인별로 들어오셔서 작성해주셔야 하고 (후기 이벤트 선물 때문) 작성은 '자율'입니다. 메타버스에 대한 후기, 행사 참여 소감, 실제 체험 물품으로 체험한 후기 등 자유롭게 작성해주셔도 되고, 후기 작성을 안해주셔도 됩니다.
※ 물품 배송에 필요한 설문 항목을 정확히 입력해주세요. 정보 부족시 물품 배송이 어려울 수 있습니다.
※ 물품을 받아서 체험하신 뒤에 후기도 작성해주시면 베스트 후기 10인을 선정하여 선정되신 분들께 커피 쿠폰을 드립니다.

후기 작성은 12월 15일까지 가능합니다.

※ 기타 문의사항: wltnfldlgl@korea.kr

수학 체험전 신청 및 후기 작성 설문 초기 화면

　　수학체험 영상은 부스팀 학생들이 여름방학을 활용하여 정말 정성 들여 만들어 주어 다시 한번 고마움을 전하고 싶다. 수학체험 영상은 주제 선정부터 영상 편집 및 마무리까지 모든 과정을 학생들이 주도적으로 계획하여 제작하였고 '일신 수학 축제'와 '전국 학교 간 온라인 수학 체험전' 두 곳에 모두 동일한 영상을 활용하여 행사를 진행하게 되었다. 영상의 수준도 그렇고, 체험 물품이 가장 저렴한 곳이 어디인지도 잘 찾아내어 필요한 물품 수량과 링크를 보내는 학생들을 보면서 교사보다 더 창의적이고 다재다능한 요즈음 학생들의 역량에 감탄하였고 학생들에게 많은 것들을 배우면서 '교학상장'을 느끼는 아주 뜻깊은 시간이었다. 다음은 부스 영상을 직접 관찰할 수 있는 QR코드이다.

부스 번호	체험 QR코드	부스명	체험 QR코드
1		로그의 성질을 활용한 계산자 만들기 (2학년-유하은, 권소윤)	
2		세팍타크로 공 만들기 (1학년-양시은, 이서연, 황시윤, 민현정)	
3		직접 만들어 보는 텐세그레티 (2학년-강아란, 배주은, 이수연, 1학년-김은영)	
4		정삼각형의 성질을 활용한 나만의 시계 만들기 (2학년-이지은, 심미소야, 안예은, 김수진)	
5		초콜릿으로 보로노이 다이어그램 표현하기 (2학년-허서연, 강령화, 1학년-석예원)	

부스 번호	부스명	부스명	체험 QR코드
6	오일러 경로를 활용한 한 붓 그리기 (2학년-박유민, 안다은, 1학년-김다솜)		
7		파라코드 매듭 팔찌 만들기 (2학년-손채민, 양희원, 허민녕, 김은별)	
8	펜로즈 삼각형과 착시도형 만들기 (2학년-천예림, 황세율)		
9		피보나치 수열을 이용한 조개부채 만들기 (2학년-손수민, 정효주, 최희수, 이아영)	

전국 학교 간 온라인 수학 체험전 진행

'전국 학교 간 온라인 수학 체험전' 공문이 10월 23일 교장선생님의 최종 결재를 받아 전국 시·도 교육청에 뿌려지게 되었다. 같은 교육청 소속인 충북 지역의 초,중,고등학교는 나이스에서 클릭 세 번(받는 사람으로 전체 초등학교, 전체 중학교, 전체 고등학교를 선택할 수 있었다.)으로 모든 학교를 선택하여 공문을 발송할 수 있었지만 다른 시·도 교육청 소속의 학교는 학교 하나하나를 모두 클릭해야 하는 어려움이 있었다. 그래서 각 시·도 교육청에서 부디 일선 학교에 공문을 공람해주기를 바라는 마음으로 먼저 받는 사람으로 각 시·도교육청을 클릭하였고, 각 시·도교육청 소속 학교를 모두 클릭하기에 어려움이 있어서 임의추출로 초,중,고등학교를 클릭하여 공문을 발송하였다. 공문이 발송된 이후 공문이 일선 학교 수학 교사 담당자에게 전해지기까지 2~3일이 소요될 것이라 생각하여 3일 후인 10월 26일에 체험 물품 신청 학교를 보니 불과 3일 만에 약 70여 개의 학교에서 체험 물품 신청이 들어왔고, 메타버스 안에서는 체험 물품을 신청하지 않는 여러 학교의 학생들도 대화를 주고받는 기록이 남아 있었다. 그래서 경영행정팀 학생들과 정해진 대로 10월 26일에 물품 발송 준비를 마치려고 했으나 한 번에 70여 개의 물품 배송을 준비하는 것이 보통 일이 아니었다. 첫 물품 배송을 위해 부스별 물품을 100~150개 정도 넉넉하게 준비를 했는데 우리의 예상보다 많은 학교에서 신청이 들어왔고, 더군다나 수학 동아리에서 10~15명 단위로 신청할 것이라 예상한 우리의 생각과 다르게 대부분의 신청해주신 분들의 인원수를 보니 학급 단위로 30명씩 신청을 해주셔서 일부 학교는 2차 물품 배송 때 물품을 배송드린 경우도 있었다.

박스 제작, 배송 주소 작성, 편지글 작성 중인 경영행정팀원 | 박스에 담을 체험 물품을 제작 중인 경영행정팀원

박스에 담을 체험 물품 개수를 세고 있는 경영행정팀원 | 신청 인원수에 맞게 간식을 넣고 최종 포장을 하는 경영행정팀원

　물품 배송을 위해서는 경영행정팀 학생들이 모두 모여서 일사불란하게 자신의 역할을 수행해 주어야 하는데 학교 축제 준비와 기간이 맞물리면서 학생 1~2명이 물품 준비에 참여를 못한 경우 그 자리를 다른 경영행정팀원이 자기 역할과 동시에 다른 친구의 역할 수행까지 맡아야 하는 부분도 물품 배송의 어려운 과정 중 하나였다. 하지만 역시 학생들은 적응력이 남다르다는 것을 느꼈던 것이 처음 몇 번 물품 포장과 배송을 위한 각자의 역할 수행을 해본 뒤에는 교사가 물품을 가져오라 하기도 전에 어디 학교에 물품이 몇 개 필요한지 파악하여 준비하고 있고 마치 오래전부터 택배 관련 일을 해본 것 마냥 익숙하게 박스를 포장하는 모

습을 보였다. 또 여유가 생긴 탓인지 1차 물품 배송 때는 물품과 간식만 배송했지만 2차 물품 배송부터는 다시 학교 메타버스에 방문하여 체험 후기도 꼭 작성해주라는 포스트잇을 제작하고 체험 물품과 함께 박스에 넣는 등 학생들만의 독창적인 아이디어로 수학 체험전을 운영해주는 모습도 보였다.

1차 배송된 물품 중 일부

이 수학체험전은 약 한달 동안 진행될 예정이었고(현재 이 글을 쓰고 있는 순간에도 행사가 진행중이다.) 축제 진행 중반 시점에 경영행정팀과 홍보마케팅팀 학생들에게 '전국 온라인 수학 체험전' 진행 소감을 물으니 다음과 같은 답변을 받을 수 있었다.

[경영행정팀] 2학년 백서현	경영행정팀으로 축제에 참가하여 부스 운영을 도우며 수학과 관련된 많은 아이디어들을 볼 수 있었고, 다양한 수학 체험 아이디어를 보며 수학과 더 가까워지고 새로운 수학 지식들을 쌓을 수 있는 좋은 경험이었다.
[경영행정팀] 2학년 최시아	경영행정팀으로써 수학 축제를 준비하면서 전에는 해보지 못했던 경험들을 하게 되었고, 내가 이전에 참여했었던 수학 체험 활동들도 이런 복잡한 준비 과정을 거쳐 하게 되었다는 것을 알게되는 좋은 시간이 되었다.
[경영행정팀] 1학년 한다혜	수학 축제를 준비하면서 힘든 일들도 많았지만 우리가 준비한 수학 부스와 여러 활동들을 즐기는 학생들을 보거나, 친구들과 함께 협동하여 어려운 일을 해결하다보니 힘든 기억은 전부 사라지고 의미있는 역할을 하였다는것에 뿌듯함과 즐거움을 느꼈다.
[홍보마케팅팀] 1학년 김다은	EBSi 수학 강사 초청 강연회와 전국 온라인 수학 체험전을 홍보하기 위해서 주제와 참여방법을 전달하는 문구를 작성한 뒤 포스터와 SNS로 홍보 이벤트를 기획하였는데 문구 하나하나 신경 쓰이고 공지를 할 때까지 실수한게 없는지 떨렸다. 하지만 홍보를 해서 친구들로부터 반응이 나오고 계획한대로 많은 학생들이 행사에 참여할 수 있도록 축제에 도움이 되었다는 사실에 기쁨과 뿌듯함을 느꼈다.
[홍보마케팅팀] 1학년 박서진	일신 수학 축제 TF팀 내에서 홍보마케팅팀에 소속되어 TF팀 행사 홍보에 관련된 인스타 카드 뉴스 만들기, 홍보 포스터 만들기 활동들을 하면서 어떻게 하면 학생들이 관심을 가질까에 대해 많은 생각을 하게 되었는데 그 과정 자체가 즐거웠고 홍보를 하는 것이 조금은 힘들었지만 좋은 경험이 된 것 같다.

또한 이 체험전에 참여해 준 타 학교 학생과 교사들로부터 체험 후기 작성 이벤트를 진행하여 베스트 후기에 선정된 분들에게 소정의 선물을 주기로 하였고 많은 후기들을 받을 수 있었다. 물론 이 글을 쓰고 있는 중에도 참여 학교에서 후기를 작성해주고 계셔서 선정된 베스트 후기를 소개할 수 없다는 부분이 아쉽지만 많은 분들이 메타버스 활용에 대해 긍정적인 피드백을 주셨고 학생들과 즐거운 시간을 보낼 수 있었다는 피드백만큼은 꼭 수학 축제 TF팀 학생들에게 공유하여 학생들과 함께 보람을 느낄 수 있었다.

○○고등학교 (대전광역시)	멀리 있는 학교에서 주최하는 행사이지만, 가상공간을 통해 다른 학교의 수학동아리를 만나보고, 직접 찍은 동영상으로 부스 체험을 하는 것까지 신기하고 놀라웠습니다. 실제 부스에 가면 복잡해서 제대로 체험하지 못하는 경우가 많은데, 시공간의 제약없이 체험할 수 있어 뜻깊었습니다.
○○고등학교 (세종특별자치시)	안녕하세요. (중략) 귀 학교에서 보낸 공문을 보고 메타버스에 접속해 보았습니다. 온라인에 체험 공간을 만들어 운영한다는 점이 흥미로웠습니다. 메타버스에서 조금 돌아다녀 보았는데요, 수학체험전 관련 내용 뿐만 아니라 학교와 관련된 다른 부분도 경험할 수 있어서 좋았습니다. '일신여고 길거리 문제 챌린지' 프로그램은 정말 흥미롭네요. 잘 보고 갑니다. 감사합니다.
○○중학교 (충청북도)	오늘 보내주신 체험물품을 받았습니다. 받고 감동받았습니다. 학생들에게 줄 간식까지 챙겨주시고 물품도 너무나 정성스럽게 정리하여 보내주셔서 감사합니다. 선생님은 지도하시느라 바쁘시고 학생들은 공부하느라 힘이 들텐데도 이런 행사를 마련해주셔서 감사합니다. 저도 동아리 학생들과 즐거운 마음으로 체험을 하도록 하겠습니다. 화이팅하세요~~

OO중학교 (울산광역시)	메타버스로 멀리 있는 학교와 이렇게 교류할 수 있다는 것이 정말 매력적이었습니다. 안그래도 지금 외심, 내심에 대해 배우고 있었는데 시계를 만드는 수학 체험활동을 통해 학생들이 내심과 외심에 대해 정확하게 이해하게 된 것 같아 수학교사로서도 뿌듯했습니다. 단순히 재미있는 활동뿐만 아니라 교육적으로도 의미 있는 부스를 만들어준 일신여고 학생들과 담당 선생님께 감사 말씀 드립니다.
OO초등학교 (경기도)	메타버스 체험을 처음 해보았는데, 학생들이 쉽게 체험할 수 있을 것 같습니다. 아직 초등학교 4학년 학생들이라 피보나치 수열이나 황금비는 이해하기 어려워했지만, 부채 만들기 활동에는 재미있게 참여할 수 있었습니다^^ 간식도 함께 보내주셔서 학생들이 너무 좋아했어요ㅎㅎ 좋은 체험 만들어주셔서 감사합니다:)
OO초등학교 (충청북도)	우선 학생들이 zep을 통해 메타버스 체험에 흥미를 느낄 수 있었습니다. 충분한 재료를 제공받아 즐겁게 활동할 수 있었습니다. 초등학생들도 함께 참여할 수 있어서 좋았네요. 매년 이런 활동이 제공되면 더욱 즐거울 것 같습니다. 아이들이 간식도 맛있게 먹었어요. 일신여고 화이팅~
OO초등학교 (경상남도)	정말 즐거웠고 재미있었습니다. 다음에도 또 참여하고 싶고 새로운 추억이 되었어요! 여러 부스도 둘러보면서 정말 유익한 시간이었습니다! 감사합니다.
OO중학교 (충청북도)	수학을 주제로 하는 축제를 경험해보아서 신기하였습니다. 또 학교 축제를 오프라인으로 한다는 고정관념을 깨고 메타버스라는 기능을 활용해 온라인으로도 쉽게 학교를 살펴보고 축제에 참여할 수 있어 덕분에 새로운 경험을 하나 쌓을 수 있던것 같습니다! 제가 참여한 세팍타크로 공 영상을 보고 만들었는데 영상 초반에 이 공을 가지고 즐기시는 모습이 인상깊었어요! 또 공을 만드는 부분에서 천천히 잘 설명해주시고 자막도 달아주셔 만드는데 큰도움이 되었어

	요!! 제가 만드는 과정에서 비록 여러번 실패를 하였지만 주변 친구들, 이 영상을 보며 마지막에 성공할수 있었던것 같아요! 감사합니다 비록 이번엔 학교 수업 시간을 활용해 메타버스 온라인 축제에 참여하였지만 오늘 경험이 아주 인상 깊어 나중에 이런 축제가 또 열린단 소식이 있으면 제가 앞장서서 찾아본후 즐길것 같아요!! 앞으로도 이런 축제가 많이 생겼으면 좋겠네요>< 덕분에 새로운 경험 쌓은것 같아요 감사합니다아□□
○○초등학교 (세종특별자치시)	초등학교 4학년 학생들과 함께 체험해 보았습니다. 메타버스 zep으로 정리 활동을 해본 경험이 있어서 초등학교 4학년이어도 잘 찾아 가더라고요. 펜로즈 삼각형과 착시도형 4종 도안을 보내주셔서 같이 만들어 보았습니다. 동아리 분들이 만든 펜로즈 설명 영상을 보고, 착시도형을 만들기 시작했어요. 펜로즈 삼각형이 제일 간단하게 만들 수 있었고 나머지 3종은 만드는데 조금 시간이 걸렸습니다. 어렵게 만들어서 그런지 학생들이 더 뿌듯해 했습니다. 한쪽 눈을 가리고 보면 착시가 더 잘된다고 학생이 말해주어서 반 학생들 모두 윙크를 하며 활동을 했습니다. 어떻게 착시가 일어나는지 원리도 궁금해 했지만 초등학교 4학년이 이해하기는 어렵더라고요. 그래도 흥미를 갖고, 즐거워하는 모습이 보기 좋았습니다. 보내주신 간식도 학생들과 맛있게 잘 먹었습니다! 감사합니다.
○○중학교 (충청북도)	저는 세팍타크로 공을 만드는 체험을 했습니다. 처음에는 어렵고 힘들었지만 두번의 실패 후 천천히 인내심을 갖고 최대한 영상과 비슷하게 만드려 노력하니 성공을 했습니다. 공을 만들고 나니 뿌듯하고 뜻깊은 추억으로 기억 될 것 같습니다. 일신여고 메타버스도 너무 귀엽고 행사장소를 직접 가지 않아도 마치 행사에 참여한 것처럼 구경할 수 있는게 신기했습니다!!

물론 행사를 진행하며 아쉬운 점도 있었다.

첫째, '젭(ZEP)'이 본 행사를 진행하기 직전에 버전을 업데이트하면서 동시간대 접속 인원수 제한이 생겼다. 접속 인원수를 늘리기 위해서는 매달 일정 금액을 지불해야 하는 상황이었고 행사 진행 초반까지만 해도 별다른 문제가 발견되지 않았다. 하지만 체험 물품을 받은 학급에서 후기 작성을 위해 여러 학생이 동시다발적으로 학교 메타버스에 접속하면서 접속 인원수 제한으로 몇몇 학생이 참여하지 못하는 문제가 발생되었고, 특히 수학 체험을 수업 시간과 연계하여 수업을 진행하시는 선생님께서 조금 불편함을 겪으신 사례가 후기를 통해 발견되었다. 이후 동일한 행사를 진행한다면 2~3개 학급이 동시에 접속할 수 있다는 것을 염두할 필요성이 있을 것이다.

둘째, 전국 시·도 교육청에 행사 공문을 동시에 발송하면서 초반에 체험 물품 주문이 지나치게 몰렸다는 것이다. 일주일 만에 100여 개가 넘는 학교가 체험 물품을 신청하면서 경영행정팀 학생들이 많은 시간을 내어 물품 배송 준비를 해야 했고, 재고가 금방 떨어지는 물품들을 다시 준비하는 과정에서 정해진 물품 배송 날짜를 못 지키는 사례도 있었다. 돌이켜 본다면 각 시·도 교육청에 공문을 동시에 발송하기보다 시·도 교육청을 권역별로 크게 나누어서 1주 단위로 해당 교육청의 학교들이 적절하게 본 행사에 참여할 수 있도록 공문을 발송하는 게 더 좋았겠다는 아쉬움이 들었다.

셋째, 학교 간 수학 문화를 교류하고자 하는 목적이 있는 행사였지만 타 학교의 다양한 생각과 체험 장면 또는 의견을 듣는 데에 한계가 있었다. 물론 불특정 다수가 들어오는 메타버스 공간에서 쌍방향 소통의 위험성을 고려하여 일신여고에서 다른 학교로의 일방적인 소통 위주의 행사 진행을 할 수밖에 없었다는 점도 있었다. 메타버스 내에서 이루어진 댓글들을 보면 서로 모르는 학교의 학생들이 어디 학교인지, 어떤 체험을 신청했는지, 어떻게 알고 들어오게 되었는지 등의 의미 있는 대화를 나눈 기록도 살펴볼 수 있었지만 일부 학생은 보는 이의 눈살을 찌푸리게 만드는 댓글도 있을 수밖에 없었다. '젭(ZEP)'이 자동으로 비방글이나 욕설은 걸러주는 부분이 있는 게 다행이었지만 모든 단어를 필터링하는 데에는 분명히 한계가 있기 때문이다. (물론 댓글들은 주기적으로 삭제를 했고, 경영행정팀원들은 학교 메타버스에 접속하여 비방글이나 욕설 등의 댓글 등이 보이면 담당 교사에게 어느 공간에 어떤 댓글이 있는지를 피드백해주는 식으로 댓글 관리를 하게 되었다.) 그래서 타 학교 학생들이 메타버스 상에서 자신들의 게시물을 편하게 올릴 수 있는 코너를 만드는 데에 어려움이 있어 다른 학교의 체험 장면이라거나, 타 학교의 수학 동아리는 어떤 활동들을 하는지 등 수학 문화 교류를 하지 못했던 점이 아쉬웠고 지속적으로 방안을 찾아가고자 고민 중에 있다.

향후 메타버스 활용 계획

4장 향후 메타버스 활용 계획

먼저는 현재 메타버스가 더 이상 활용되지 않았으면 하는 게 작은 희망이다. 교내 학생 중 메타버스에 대한 이해도가 높은 학생이 학교 현장에 아주 적합하고 멋진 메타버스를 제작하여 학교 구성원 모두가 새로운 메타버스에 올라 타고 그곳에서 더 값지고 의미 있는 일들이 이루어지기를 희망한다. 그전까지는 현재 제작된 메타버스로 다음과 같은 교육적 적용을 위해 고민하고 노력하고 싶다. 다만 이 모든 것은 학교와 구체적으로 협의되지 않은 개인적인 계획이다.

첫째, 다양한 교과 교사가 메타버스를 활용한 수업에 관심을 가져 주셔서 학교 메타버스를 활용한 다채로운 수업과 행사가 열리기를 희망해 본다. 물론, 꼭 메타버스를 활용하지 않더라도 메타버스를 어떻게 수업에 적용해 볼지 고민하다가 더 좋은 수업 방법들도 찾을 수 있다면 그것만으로도 너무 만족하고 감사할 것 같다. 메타버스는 가상 공간을 손쉽게 연결할 수 있는 기능이 있으므로 학교 메타버스를 그대로 놓아둔 채 학교 메타버스에서 각 교과실 공간으로 들어갈 수 있는 오브젝트만 설치하고, 각 교과 선생님들은 교과실 공간에서 (수학과에서 했던 방법처럼) 패들렛을 사용하거나 수업에 필요한 또 다른 공간을 창조하여 교과실과 연결한다면 학생들이 찾아가기도 용이하고 메타버스 관리도 편리할 것이다. '젭(ZEP)'의 경우 메타버스 편집 권한을 부여할 수 있는데 이 권한이 남발될 경우 메타버스 관리 자체가 매우 힘들어질 수 있다. 또한 '젭(ZEP)'이 업데이트가 되면서 기존에 가능했던 맵 복사기능이 사라졌기 때문에 한 메타버스 공간이 복구되기 어려울 정도로 훼손될 경우 학교 메타버스를 사용하기 위해서는 처음부터 다시 맵을 만들어야 하는 수고로움을 감당해야 한다. 따라서 학교 메타버스 자체에 대한 편집 권한은 매년 각 교과부장 선생님들에게만 드려서 교과에서 필요한 대로 학교 메타버스를 편집할 수 있는 편리를 제공하되 교과 선생님들이 자유롭게 편집할 수 있는 메타버스 공간은 각 교과실 공간으로 제한하게 된다면 모든 교과 교사가 메타버스를 활용하는 데에 큰 문제점이나 불편감은 없을 것으로 보인다. 또한 메타버스를 활용하여 기존보다 더욱 흥미롭고 다채로운 수업 경험을 학생들에게 제공할 수 있다는 장점은 좋은 수업을 고민하는 교사에게 매력적일 수밖에 없다. 이러한 교사의 노력을 통해 수업의 질을 끌어올리고 모든 교과 시간을 통해 학생들의 다양한 역량과 잠재 능력을 발현하는 데에 최선의 노력을 한다면 거창하고 이상적으로만 보이는 '공교육 정상화'라는 구호를 교사와 학생 모두가 현실 가능한 목표로 체감할 수 있지 않을까 기대한다.

둘째, 교내 수학 축제와 전국 학교 간 온라인 수학 체험전을 주기적 실시하는 데에 학교 메타버스를 활용할 계획이다. 교내 수학 축제를 오프라인으로 진행하는 경우 부스 설치와 물품 준비, 사전 준비와 행사 이후 부스 철거, 학생들의 이동 동선 등 수학 교사가 신경 써야 할 부분이 매우 많고 학교 학사 일정에서 수학과만을 위해 별도로 시간을 낸다는 것도 부담이 되는 것이 사실이다. 하지만 2023학년도에 교내 수학 축제를 온라인으로 진행한 결과 학생들이 부스 영상을 만들고, 물품을 전달해야 한다는 수고로움은 추가되는 측면이 있지만 학교 전체적으로 볼 때에 학사 일정 진행에 무리가 없고 부스 설치나 철거 등의 과정도 없다는 것, 그리고 학생들이 부스에 몰리면서 생기는 복잡성과 안전사고 문제 등에서 자유로울 수 있었다는 장점을 볼 수 있었다. 또한 온라인상에서만 축제가 진행될 경우 수학 축제 분위기가 아예 나지 않아서 참여율이 저조할 수 있기 때문에 학생들의 수학 활동 결과물과 포스터들을 A1 사이즈의 현수막으로 제작하여 학교 전체 담벼락에 전시하고 소수 학생들의 신청을 받아서 직접 수학 관련 물품을 제작하는 활동 들을 수행하는 것으로도 수학 축제 분위기는 충분히 그려낼 수 있었다. 따라서 교내 수학 축제는 오프라인, 온라인을 주기적으로 반복하며 온라인을 활용한 축제 진행시 학교 메타버스를 활용하여 진행하는 부분에 대해 동료 수학과 선생님들의 협조를 구할 계획이다. 한편, 교내 수학 축제를 메타버스로 진행하는 해에는 당해 부스 영상과 수학 축제 TF 팀 학생들과 함께 '전국 학교 간 온라인 수학 체험전'을 실시할 계획이다. 교내 수학 축제와 연계해서 진행할 때 학생들의 수고가 최소화될 수 있고 학교에서 예산만 주어진다면 학교가 가진 역량으로 다른 학교에 도움을 줄 수 있는 기쁨과 보람을 학생들과 함께 누릴 수 있는 좋은 경험이기 때문이다. 또한 이번에 '전국 학교 간 온라인 수학 체험전'을 진행하면서 후기를 남겨준 몇몇 학교들에서 자기 학교도 메타버스를 만들고 이와 같은 행사를 진행하겠다는 의사를 밝힌 교사와 학생들이 있었다. 이러한 학교가 생길 경우 정말 학교 간에 서로의 수학 문화를 교류할 수 있는 공간으로서의 메타버스 기능이 더욱 살아날 것으로 기대된다. 특히 '젭(ZEP)' 또한 비대면으로 얼굴을 마주하고 서로의 목소리로 소통을 할 수 있으니 자기 학교에서 이루어지는 수학 및 수학교육 문화를 교류하며 학교 간의 수학 문화가 긍정적인 방향으로 동반 상승하는 효과를 기대할 수 있다.

 셋째, 학교 메타버스의 도서관이나 스터디룸 공간을 활용하여 겨울방학 동안 방과후 수업 외에 '윈터스쿨'을 운영해 보고자 한다. 이는 학생들이 방학 동안 학교에서 공부하지 않고 학원에 가서 공부하는 것을 보면서 학교에서 확실히 공부할 수 있는 환경을 만들어주고 많은 학생을 학교 공간으로 끌어들이려는 한 동료 선생님의 노력을 보면서 아이디어를 얻었다. 방학 중에 조금 더 수고로움을 감당해 줄 수 있는 동료 선생님들의 도움이 필요한 일이지만 몇몇 선생님들께서 마음을 모아 주신다면 방학 동안 오전에는 '방과후 수업'을 듣고, 오후에는 '자기주도학습'을 하면서 모르는 사항의 경우 메타버스 내에서 임장하고 계시는 선생님께 가서 질문을 하고 답변을 받거나 교과 담당 선생님의 오브젝트에 질문을 남겨 놓으면 교과 선생님께서 답변을 제공해 주는 식으로 윈터스쿨을 진행하여 시·공을 초월한 학습 환경을 학생들에게 제공해 주고 싶다. 메타버스의 도서관과 스터디룸에는 자기 학습 시간을 측정할 수 있는 '스탑워치'의 기능이 있고 소수의 학생들과 방 안에 들어가면 그 방에 있는 친구들끼리만 얼굴을 마주하고 대화할 수 있는 기능이 있어서 이러한 기능을 잘 활용한다면 교육 현장에서도 의미 있게 사용할 수 있다고 생각한다.

넷째, 현재 근무 중인 학교가 고등학교인 만큼 학교 교육과 대학 입시가 밀접하게 관련되어 있는 것이 사실이다. 따라서 메타버스 내에서 대입 관련 공간을 만들고 교내 학생들이 많이 가고, 또 관심 있어 하는 대학 중심으로 교사 1인당 하나 또는 두개 정도의 대학교를 담당하여 해당 학교의 입시 자료에 대해 꾸준히 업로드해 주는 공간을 마련하고 싶다. 이렇게 되면 교사와 학생, 그리고 학부모 모두가 입시에 대해 접할 수 있는 기회가 상승하여 입시에 대한 이해도가 올라갈 것이며 교사와 학부모의 도움과 조언 아래 학생 스스로가 자기 삶을 주도적으로 살아내는 역량을 기를 수 있을 것으로 기대한다. 물론, 현시대는 다양한 매체와 채널을 통해 대입 관련 소식을 마음껏 접할 수 있는 시대이다. 하지만 자료가 너무 많이 생성되어 학부모와 학생은 어떤 자료와 정보를 선택할지, 그리고 어느 정도로 신뢰할지에 대한 어려움이 있고 더군다나 학교의 특성을 고려하여 입시정보를 이해하는 것도 쉽지 않다. 그렇기 때문에 학교 교사가 학교의 상황을 고려하여 현재 고1, 고2, 고3 학생들이 어떻게 대입을 준비해야 하고, 현재 대입이 어떻게 변하고 있는지를 학생들이 한 공간에서 다 알 수 있도록 공간을 제공한다면 이를 위해 공부하는 교사도 물론이거니와 학생과 학부모에게 많은 도움을 제공할 수 있을 것으로 보인다. 더 나아가 대학별 제시문 면접이나 학생부 기반 면접도 메타버스에서 실제 면접장과 같은 공간을 조성하여 실시할 경우 이를 위해 여러 지역에서 한 공간으로 모여서 오프라인으로 진행해야 하는 어려움을 극복할 수 있고 모이는 시간만큼을 각자의 학습 시간에 할애할 수 있다는 장점이 있다.

다섯째, 교내 교육과정 박람회를 메타버스와 연계하여 진행할 수 있다. 2023학년도에 현재 근무 중인 학교에서 열린 교육과정박람회 장면을 보니 각 교과의 서포터즈(도우미) 학생들 앞에 많은 학생들이 길게 줄을 서서 교과 위계와 학습 방법, 전공별 필요 교과 등에 대해 묻는 모습을 보았다. 교육과정박람회가 끝나고 학생들에게 어떤 점이 어려웠는지 물으니 똑같은 질문에 똑같은 대답을 수십 번 해야 하는 어려움이 있었다는 피드백을 들을 수 있었다. 이러한 문제점은 메타버스를 활용하여 교육과정박람회를 진행하는 것으로 충분히 극복할 수 있다. 교과별 서포터즈 학생들은 학생들에게서 듣는 대표적인 질문에 대한 답변 영상을 미리 촬영하여 각 교과별 부스 공간에 설치하고 학생들을 메타버스에 접속하게 하여 대표적인 질문 이외에 세부적인 질문만 실제 서포터즈 학생들과 메타버스 내에서 만나서 얼굴을 마주하며 이야기를 주고받을 수 있도록 하면 오프라인으로 진행했을 때처럼 길게 줄을 선다거나, 서포터즈 학생 입장에서 똑같은 말을 여러 번 반복할 필요성이 사라진다. 또한 교육과정박람회를 메타버스에서 진행한 뒤에 해당 공간을 그대로 둔다면 교육과정박람회가 일회성에 그치지 않고 재학생들이 교과에 대한 이해와 정보가 필요할 때마다 찾아와서 도움을 받을 수 있다는 장점도 있다.

여섯째, 메타버스를 만든 가장 주요한 목적이지만 교사, 졸업생, 재학생, 일신여고 입학 희망 중학생들 사이의 만남이 이루어지는 특별한 장소로 만들고 싶다. 이를 위해서는 (2023학년도에는 수학과 위주로 메타버스가 활용되었지만) 다양한 학교 구성원들의 메타버스 활동 참여가 요구된다. 메타버스 내에 학교의 교육활동 자료들을 꾸준히 업로드하고 교사별로 자신만의 공간에서 교육 활동을 열심히 한다면 졸업한 학생들이 일신여고 또는 일신여고의 교사들이 그리울 때 한 번씩 찾아올 수 있는 공간으로 자리매김할 수 있을 것이다. 그래서 '졸업생이 재학생에게 하는 격려의 한마디' 같은 코너를 만들어서 학교 후배들에게 힘과 위로를 건네주고 후배들도 자신들이 받은 사랑과 응원을 또 다른 후배에게 전해주는 따뜻한 공동체를 만들어가고 싶다. 또한 졸업생과 교사가 빈번하게 만남을 이어가며 진정한 사제지간으로서의 관계를 맺어가고 서로를 통해 성장하는 학교 문화가 만들어지기를 기대한다. 그리고 메타버스를 활용한 수업이나 행사를 진행함으로써 재학생들이 메타버스에 참여하고, 일신여고에 대해 궁금하거나 호기심 있는 중학생들의 질문을 받는 '일신여고 학생에게 묻고 싶어요'와 같은 코너를 만들어서 재학생 중 학교 홍보 동아리나 학생회에서 지속적으로 답변을 주고받는 환경을 조성하여 일신여고 메타버스를 매개로 다양한 세대가 서로 소통할 수 있는 공간이 마련된다면 학생들의 바른 인성 함양에도 큰 도움이 될 것으로 기대한다.

Metaverse

글을 마무리하며

5장 글을 마무리하며

  현재 교육 현장에서 '메타버스'의 교육적 활용 방안이 주목받고 있는 것은 분명하지만 메타버스를 교육 현장에 무리하게 적용할 경우 학생들에게 극단적인 교수 현상 중 하나인 '메타인지이동'(교육하고자 하는 내용보다 내용을 전달하는 도구 자체에 관심이 옮겨지는 상황)의 부작용이 생길 수 있다. 결국 학교가 학생들에게 제공해야 하는 가치롭고 지속적으로 성장 가능한 경험은 곧 건강한 체력과 바른 인성, 그리고 교과 핵심 역량인 '체. 덕. 지'라고 생각한다. 책에서는 메타버스를 활용한 수학교육 사례를 나누고자 하는 목적으로 학교의 수학교육 활동을 메타버스를 중심에 놓고 해석한 느낌이 없지 않지만, '학생들의 성장'이라는 교육 목표에 다다르는 방법은 메타버스 활용 외에도 수많은 방법들이 있을 것이다.

  메타버스를 활용하여 1년간 교육 활동을 하며 느낀 점이라면 수업이나 학교 행사에서 메타버스를 시의적절하게 잘 활용한다면 교육적 효과는 분명히 크다는 것이다. 특히 메타버스의 대표적인 특징인 시·공을 초월하는 점과 증강 현실을 활용할 수 있다는 점이 교육 활동에 필요할 경우 메타버스를 활용했을 때 학생들의 수업 및 활동 만족도가 크게 향상되는 것을 자주 보게 되었다. 메타버스를 활용한 수학교육에 대한 연구와 다양한 사례가 발굴되면서 학생들에게 흥미로우면서도 수학적으로 유의미한 수업과 활동의 방향들을 찾아갈 수 있으면 좋겠다. 메타버스를 활용한 수학교육이 좋은 수업을 꿈꾸는 교사들에게 사막 한가운데의 오아시스까지는 될 수 없을지라도 사막 한가운데에 있는 오아시스를 찾는 여러 이정표 중 의미 있는 이정표 하나가 되기를 바란다. 그래서 학생들에게 수학 수업이 기다려지는 시간이 되고, 학생들이 수학 때문에 꿈을 꾸며 수학 때문에 꿈을 이루는 인재들로 성장하기를 바라고 응원한다.

현재도 꾸준히 학생들의 성장을 위해 고민하시고 애쓰시는 선생님들에게 부끄러운 마음으로 글을 쓰게 되었다. 우리 학교가 대단하다거나, 우리 학교의 노력을 알아주시라는 자랑과 의도는 글을 쓰는 내내 단 1%도 없었음을 고백한다. 단지 메타버스나 수학교육에 관심 있는 분들과 함께 지극히 작은 하나의 사례를 보면서 함께 고민할 것들을 찾아가고 싶었을 뿐이다. 부족한 글 솜씨로 1년간 진행된 메타버스 중심의 수학교육 사례에 대해 나누었는데 부디 역량과 열정이 뛰어나신 선생님들께서 의미 있는 자료로 여겨 주시고 꼭 메타버스 활용이 아니라 하더라도 학교 수학 활동에 도움이 되었다고 평가해주신다면 더할 나위 없이 감사드리고 또 감사드리고 싶다.